韩建中 著

山西文化与旅游融合发展研究

中国国际广播出版社

图书在版编目（CIP）数据

山西文化与旅游融合发展研究 / 韩建中著. —北京：中国国际广播出版社，2023.7

ISBN 978-7-5078-5381-0

Ⅰ.①山… Ⅱ.①韩… Ⅲ.①文化产业－产业发展－山西②旅游业发展－山西 Ⅳ.①G127.25②F592.725

中国国家版本馆CIP数据核字（2023）第142508号

山西文化与旅游融合发展研究

著　　者	韩建中	
责任编辑	霍春霞	
校　　对	张　娜	
版式设计	陈学兰	
封面设计	赵冰波	

出版发行	中国国际广播出版社有限公司 ［010-89508207（传真）］
社　　址	北京市丰台区榴乡路88号石榴中心2号楼1701
	邮编：100079
印　　刷	天津市新科印刷有限公司

开　　本	710×1000　1/16
字　　数	200千字
印　　张	14.5
版　　次	2023 年 10 月 北京第一版
印　　次	2023 年 10 月 第一次印刷
定　　价	58.00 元

前　言

　　文化与旅游是当今世界经济社会发展的重要领域，也是人类文明进步的重要标志。随着经济全球化、社会信息化、生活多元化等趋势的深入发展，文化与旅游之间的联系日益紧密，二者相互促进、相互依存、相互融合。在新时代新征程中，我国高度重视文化与旅游的融合发展，将其作为推动高质量发展、满足人民美好生活需要、提升国家软实力、促进中华民族伟大复兴等战略任务的重要抓手。2009 年 12 月 1 日，国务院印发的《关于加快发展旅游业的意见》明确了新时期旅游业具体的发展目标，指出要"把提升文化内涵贯穿到吃住行游购娱各环节和旅游业发展全过程；旅游开发建设要加强自然文化遗产保护，深挖文化内涵，普及科学知识。旅游商品要提高文化创意水平，旅游餐饮要突出文化特色，旅游经营服务要体现人文特质。要发挥文化资源优势，推出具有地方特色和民族特色的演艺、节庆等文化旅游产品。充分利用博物馆、纪念馆、体育场馆等设施，开展多种形式的文体旅游活动。集中力量塑造中国国家旅游整体形象，提升文化软实力"，"大力推进旅游与文化、体育、农业、工业、林业、商业、水利、地质、海洋、环保、气象等相关产业和行业的融合发展"。2018 年 4 月 8 日，文化和旅游部正式挂牌，在体制上为文化与旅游融合提供了保障，标志着我国文旅融合发展的全新时代正式拉开序幕。

　　山西省是煤炭资源大省，多年以来经济发展严重依赖煤炭资源，非煤产业发展相对滞后，亟须破解资源型经济转型发展难题，转变经济发展方式，实现高质量发展。作为文化旅游资源大省，发展文化旅游已成为山西转型发展的有效途径，而发展的关键在于文化产业与旅游产业有效融合。随着大众文化旅游消费需求升级、社会技术革新等一系列环境因素的变化，山西文化旅游面临巨大的发展契机。如何深化文旅融合，走出山西特色产业融合发展之路，推动山西文化旅游升级，实现经济结构调整，提升经济发展质量，成为山西需要深入思考的重大战略问题。近年来，山西省积极探索文化与旅游融合发展之路，取得了一系列显著成效。与此同时，文化与旅游融合发展是一个复杂而动态的过程，需要在持续变化的环境中不断地调整和创新。山西省文化旅游发展不仅具有巨大的潜力和机遇，而且面临着诸多挑战和困难。

随着文化旅游发展的深化，文旅融合日益成为学术界研究的热点。对此，学术界开展了广泛的研究，主要集中在这几个方面：文旅融合的概念界定、动力机制、模式分类、路径选择、效果评价、障碍分析和策略建议等。其中，概念界定和模式分类是基础性问题，动力机制和路径选择是核心问题，效果评价和障碍分析是实践性问题，策略建议是应用性问题。由于角度和侧重点的差异，学术界对于文旅融合形成了不同的理解和观点：从资源层面看，认为文旅融合是利用文化资源开发旅游产品或利用旅游资源传播文化信息的过程；从市场层面看，认为文旅融合是满足消费者多元化需求的市场行为；从产业层面看，认为文旅融合是促进两个产业间协同创新和优势互补的产业组织形式；从政策层面看，认为文旅融合是政府推动两个产业间协调发展和战略转型的政策导向。学术界在研究方法上不断突破和创新，采用了案例分析法、比较分析法、实证分析法、系统分析法等。通过这些方法，学术界取得许多有价值的成果，例如，揭示了不同类型、不同阶段的文旅融合特征、规律和影响因素，提出了不同地区和领域适用的文旅融合模式、路径和策略，评估了不同维度和指标下的文旅融合效果，分析了不同环境下存在的制约因素及其解决方案等。尽管国内外学者对文旅融合已经进行了较多研究，但仍然存在一些不足之处，主要表现在以下几个方面：一是缺乏统一且科学严谨的概念，没有明确界定范围与内容；二是缺乏系统完整的理论体系，没有形成共识与标准；三是针对文化产业和旅游产业融合提出的政策建议、发展策略等还不够具体和可行，没有充分考虑各地区的实际情况和差异性。综上所述，目前涌现出了丰富的研究成果，为本书进一步深入探索山西文化与旅游融合发展提供了较为有益的理论基础和方法借鉴。

本书旨在对山西文化与旅游融合发展进行系统深入的研究分析，在理论上，借鉴了产业融合理论，并结合文化与旅游产业的特点进行了适当调整和拓展；在方法上，采用了文献分析、案例分析等多种方法，并兼顾了定性和定量两种手段；在数据上，收集了大量的第一手资料和第二手资料，并进行了有效的整理和分析。全书共分为八章。

第一章是文旅融合的内涵及意义。主要从资源融合、市场融合、主体融合、功能融合四个方面探讨了文旅融合的内涵与构成，以及深化文旅融合对山西发展的意义。

第二章是山西文旅融合发展环境。紧密结合国家战略和地方实际，一方面，运用 PEST 分析法，分析了山西文旅融合面临的外部发展环境；另一方面，围绕文化旅游资源、文旅发展基础、地理区位优势以及基础设施建设，评估了山西文旅融合所具有的内在条件。

第三章是山西文化旅游发展历程。站在历史的角度，梳理了山西省文化旅游产业发展的主要阶段和特点。

第四章是山西文旅市场状况调查。从需求侧出发，对山西省文化旅游市场的旅游形象、消费满意状况、新技术使用进行了实证研究。

第五章是山西文旅融合发展瓶颈。针对融合的构成剖析了山西文旅融合存在的问题，从发展理念、环境条件以及支撑保障对融合发展制约原因进行了诊断。

第六章是山西文化旅游融合模式。对国内外典型的文旅融合模式进行归纳和比较，分析了山西文化遗产旅游、影视文化旅游、演艺文化旅游、文化主题公园旅游、文化特色小镇旅游、文化产业园区旅游、文化节事会展旅游等旅游业态的发展状况及趋势。

第七章是山西文旅融合路径。从协调事业与产业关系，发挥金融、科技与创意的引领作用，提升文化旅游综合效应等方面探讨了山西文化产业与旅游产业融合路径。

第八章是山西文旅融合发展策略。注重理论与实践相结合，兼顾总体性和针对性，为山西省文化与旅游融合发展提供了可操作性强的具体措施。

本书力求以客观公正的态度对山西文化与旅游融合发展进行科学系统的研究，同时尝试以创新开放的视角对山西文化与旅游融合发展提出一些新的思考和建议。本书希望能够为山西文化与旅游融合发展提供一些有益的参考和借鉴，也希望能够为相关领域的学术研究和实践探索提供一些启示。

目　录

第一章　文旅融合的内涵及意义

　　文化旅游是一种出于游客文化动机的旅游活动，通过旅游感知、了解、学习、体验旅游资源的文化内涵，获得文化和精神满足的过程。文化和旅游具有天然的关联，两者之间密不可分。文化是旅游的灵魂，为旅游提供独特的魅力，增加了旅游的附加价值；旅游是文化的载体，为文化提供展示的平台，使文化更加具有活力。文化与旅游融合发展（以下简称"文旅融合"）是时代发展的必然选择。

第一节　文旅融合的内涵与构成

　　文旅融合不是文化产业与旅游产业合二为一，也不是简单叠加，而是统筹文化的旅游性和旅游的文化性，[①] 在多个方面、多个层次有机渗透，相互拓展、延伸、交叉、结合，逐步融合，形成文化旅游新业态的过程。

---

① 夏营.谈"文旅融合"发展的深层意义［J］.旅游纵览（下半月），2019（10）：55-56.

一、资源融合

文化资源，广义上泛指人们从事一切与文化活动有关的生产和生活内容的总称，它以精神状态为主要存在形式；狭义上指能够产生直接和间接经济效益的精神文化内容，包括历史文物、古建筑、文化名城等物质文化资源，以及民间文学、传统音乐与舞蹈、民俗等非物质文化资源。文化资源往往以不可见的形式存在于人们的思想和意识中，同时，由于产生的背景和地域不同，存在多样性和较大的差异性。

旅游资源是对旅游者有吸引力、能激发旅游者的旅游动机，具备一定的旅游功能和价值，可以为旅游业开发利用，并能产生经济效益、社会效益和环境效益的事物和因素，[①] 既包括洞穴、森林、山岳、峡谷、江河、湖海、气候、动物等天然造就的自然旅游资源，又包括文化胜迹、古典园林、民族风俗、美味佳肴等人类活动形成的人文旅游资源。旅游资源具有明显的地域性和季节性，是开展旅游活动的基本要素。旅游资源的观赏价值越大，旅游的吸引力就越大。区域内的各种旅游资源在保持多样性、特色的同时，又相互联系和相互作用，共同构成了一个有机整体。旅游资源种类越丰富，联系越密切，其生命力就越强。

资源融合是文旅融合的基础，体现为文化资源与旅游资源的相互结合与转换。一方面，通过文化资源开发，将文化内容、文化符号等文化资源融入旅游当中，成为独特的旅游资源。比如，将民俗活动、手工艺品制作等引入旅游地，提升旅游价值，实现文化资源向旅游资源的转化。另一方面，在旅游资源开发中挖掘文化内涵，从多维度提炼旅游文化，特别是人文旅游资源所蕴含的文化内容、意象和象征意义，完成从静到动、从古板

---

① 国家旅游局资源开发司，中国科学院地理研究所 . 中国旅游资源普查规范（试行稿）[M] . 北京：中国旅游出版社，1993.

到鲜活、从观光到参与体验再到休闲、游憩的系列转变，从而全面提高旅游景观的品位与档次，有效提升旅游产品的文化价值和游客的体验价值。许多自然旅游资源本身并不具有文化属性，但仍可从文化层面来鉴赏和解读，通过旅游开发，将自然山水转化为文化旅游产品。文化的转化与升华，可以使自然资源迸发文化的生机和灵气。

二、市场融合

文化市场是按价值规律进行文化艺术产品交换，提供有偿文化服务活动的场所，是文化产品生产和消费的中介。文化产品在生产、流通、消费过程中具有商品的基本属性，同时，由于其所满足的是人民群众的精神文化需要，又具有意识形态的特殊性。因此，文化市场既要坚持经济效益的原则，又要在促进社会主义精神文明建设方面实现良好的社会效益。文化市场按照交易的文化产品种类，可以划分为演出市场、音像市场、网络文化市场、电影市场、书报刊市场、艺术品市场、文物市场等多种类型。

从经济学角度讲，旅游市场是旅游产品供求双方交换关系的总和；从地理学角度讲，旅游市场是旅游经济活动的中心。随着居民收入的逐步增加和生活水平的持续提高，市场需求呈不断扩大趋势，构成了一个庞大的旅游消费市场。旅游市场供给经历了从适应需求到引导需求，再到刺激需求和创造需求的实践过程，逐步走向成熟。随着旅游市场竞争加剧，实践证明，只有加速旅游产品开发和更新，扩大市场销售渠道，加大促销力度，提高服务质量，才能取得市场竞争优势。

文化市场与旅游市场相互融合，是文旅融合的重要构成之一。基于人们文化消费和旅游消费在多方面的重合，将文化展示、遗产保护与旅游产品消费相结合，推动文化消费与旅游消费从内容到过程的一体化，既可以有效传承和保护历史文化，又可以提高旅游产品的文化价值。我们要面向市场需求，依托文化资源开发旅游产品，促进文化产品与旅游产品相统一；综合发挥文化和旅游各自的市场渠道优势，推动更多优秀文化产品、优质旅游产品进入主流市场；充分利用文化市场中的图书、影视、网络等传播途径，宣传推广文化旅游市场。

三、主体融合

近年来，我国文化产业市场主体数量剧增。第四次全国经济普查显示，截至 2018 年末，我国共有文化产业法人单位 210.3 万个，其中，经营性的文化产业法人单位占 92.6%。与此同时，产业规模明显扩大，经济效益稳步提升，日益成为推动我国文化发展的主体力量。[①] 截至 2021 年末，全国规模以上的文化及相关产业企业实现营业收入 119064 亿元人民币，比上年增长 16%。广播电视集成播控，互联网搜索服务，互联网其他信息服务，数字出版，动漫、游戏数字内容服务，互联网广告服务，版权和文化软件服务，可穿戴智能文化设备制造等基于互联网和移动互联网的新兴文化业态发展强劲。[②]

旅游产业除了传统的旅游景区、旅游饭店、旅行社等，还有大量新兴的旅游主体。其中，旅游景区是具备相应的旅游设施并提供相应的旅游服务，以旅游及其相关活动为主要功能的区域场所，是旅游业的核心要素，也是旅游产业链中的中心环节，成为旅游产业面的辐射中心。截至 2021 年末，全国共有旅行社 4.2 万家，A 级景区 1.4 万个，星级饭店 8771 家。其

---

① 文化产业实现规模效益双提升：第四次全国经济普查系列报告之五［EB/OL］. （2019-12-06）［2022-12-18］. http://www.stats.gov.cn/xxgk/sjfb/zxfb2020/201912/t20191205_1767558.html.

② 国家统计局解读 2021 年全国规模以上文化及相关产业企业营业收入数据［EB/OL］.（2022-01-30）［2022-12-18］. https://www.gov.cn/xinwen/2022-01-30/content_5671313.htm.

中，国家 5A 级旅游景区数量由 2012 年的 144 家增加到 2021 年的 306 家，中高等级景区比例大幅提升。[①] 无论是文化领域还是旅游领域，经营主体既有事业单位，又有企业单位，运行规则不一，因此，统筹协调面临不小的挑战。

市场主体是产业发展中最为活跃和重要的组成部分，也是文旅融合主要的实践者。一个产业要发展壮大，离不开龙头企业和优强企业的带动。通过有效的主体融合，培育壮大市场主体，才能形成一批以文化和旅游为主业、以融合发展为特色、具有较强竞争力的领军企业、骨干企业。主体融合具体呈现为两个层次：第一，突破原有产业边界，扩展企业业务。文化企业向旅游市场渗透，或者旅游企业向文化市场渗透，整合重组，以跨领域并购等方式实现企业主体融合。如浙江横店影视城，初始主要面向文化产业领域，建造了影视拍摄基地，服务于影视节目制作，后续在影视产业基地的基础上扩展了业务领域，丰富了旅游的内容和形式，向影视主题公园的模式发展。[②] 率先融合的企业跨越了产业边界，赋予了产品新的生命力，带来了更大、更多样化的消费空间，并形成了示范效应，将带动更多的企业转向文旅融合发展，进而产生更大的融合效应，形成良性循环，在更大规模上推动产业加速融合。第二，形成产业集群。由一系列文化、旅游相关企业以及配套的上下游企业，在一定的区域范围内聚集在一起，逐渐相互交融，形成新的共生关系，建立起一个完整的产业体系，最大化地配置产业资源。一方面，能够降低企业运营成本，增强企业竞争力；另一方面，通过企业间、行业间、区域间的相互合作，产生协同效应，提高整体发展水平。

---

① 文化产业和旅游产业规模持续扩大 市场主体不断壮大［EB/OL］.（2022-08-22）［2022-12-18］. https://view.inews.qq.com/k/20220824A06B5V00?web_channel=wap&openApp=false.

② 吴金梅，宋子千.产业融合视角下的影视旅游发展研究［J］.旅游学刊，2011，26（6）：29-35.

四、功能融合

文化产业不仅是一种商业活动，具有经济功能，还承担着社会责任，具有通过优秀的文化产品引导人们树立正确的世界观、人生观、价值观和正确行为规范的教化功能；以产业化的方式广泛地传播科学文化知识，提高人们文化水平的知识功能；给人以美的享受，陶冶情操的审美功能；传承与发扬优秀文化，传播地域文化，实现跨文化的传播与交流的文化传播功能；让人放松身心、活动肌体、交流情感的休闲娱乐功能。

旅游产业具有经济功能，对于经济增长的拉动作用明显。此外，旅游产业被誉为无烟工业，环境代价较小，发展高质量旅游有利于促进生态环境保护，具有生态保护功能。在旅游中，不同文化得以交流、融合，在交流中碰撞出智慧的火花，因此，旅游具有文化交流功能。人们在快节奏的工作之余，为了消除紧张，自然会寻求解决之道，而旅游就是达到这种目的的方式之一，因此，旅游具有休闲娱乐功能。"读万卷书，行万里路"，通过旅游来感悟自然、开启智慧、猎奇取异，因此，旅游具有教育功能。

文化与旅游功能优势互补，在融合的过程中，将文化植入旅游的食、住、行、游、购、娱等各个方面，使文化具有体验性，让游客在旅游过程中能够切身感知文化实质，促进高品质的旅游活动与深层次的文化内涵相融合。通过文化与旅游的功能重组，进一步增强经济功能，使教育、审美、文化交流传播功能与休闲娱乐、生态保护等功能有机融合，形成文化旅游的核心价值，产生1+1＞2的叠加效应。

文旅融合涵盖了文化产业和旅游产业的各个方面，二者不断交叉渗透，最终融为一体，成为新的产业形态。

第二节　文旅融合的意义

文化旅游具有涉及面广、辐射性强、产业带动作用明显等特征。因此，大力发展文化旅游，从深度和广度上促进文化和旅游融合，对推动社会经济发展具有十分重要的意义。

一、满足精神文化需求

习近平总书记在党的十九大报告中明确指出："中国特色社会主义进入新时代，我国社会主要矛盾已经转化为人民日益增长的美好生活需要和不平衡不充分的发展之间的矛盾。"人们对美好生活的需要体现在对物质生活丰富、精神文化享受及其对生活质量和生命意义的追求上。随着人民生活水平的提高，消费结构发生变化，逐步由生存型消费向享受型消费转变，从便宜实惠向个性化、品牌化、品质化转变。在满足了基本物质需求的基础上，人民的文化认知不断提升，广泛化、多样化的文化需求进一步被激发，高层次的文化消费支出持续增长，人民越来越注重文化体验的个性化，丰富、便捷、互动的文化活动更加受欢迎，文化品质逐步取代价格，成为市场选择的首要因素。面对人民精神文化需求的变化，迫切需要提供更多、更好的文化产品与服务。

从本质上讲，旅游本身就是一种文化活动。文化旅游属于享受和发展型的消费行为。居民消费的提档升级带动出游意愿持续高涨，大众旅游、全民旅游时代正在加速走来，通过旅游寻求情感熏陶，感知、体验、鉴赏和享受异地文化已成为一种时代风尚。文化与旅游融合成为满足人民需求的有效措施。相较于传统的观光旅游，与文化相融合的文化旅游提升了旅游的内涵，丰富了旅游的内容，可以使游客进一步感受文化的魅力，满足审美情趣，实现精神的升华，获得更加优质的旅游体验。

二、推动传统产业升级

传统的旅游产业经过多年发展，虽然已经逐步成熟，但与此共存的是产业结构单一、产业主体竞争优势不明显、低端产业市场竞争日趋激烈、运营规模和盈利空间难以突破、旅游产品同质化严重等问题。旅游收入主要来自门票、餐饮、交通等方面，而旅游商品、旅游娱乐等方面的收入所占比例较低。可以说，当前，我国的旅游业，收入主要来源于低端旅游产品，产业结构呈现低度化现象，亟待改善产品结构。[①] 如何抓住时代发展的新机遇，实现高质量跨越是旅游业发展面临的重要难题。

文旅融合是一个以文化提升旅游品质、带动旅游发展，以旅游扩大文化消费、促进文化进步，推动文化与旅游共赢的过程，为传统文化产业和旅游产业的升级，实现可持续发展带来了契机。文化旅游通过盘活历史遗产、文物、传说、风俗等资源，推动物质资源产品化和非物质资源的有形化，加速文旅产品的迭代更新。将文化内涵贯穿到旅游的全方位全过程，促进旅游形式和文化内容相统一，对旅游的单一功能进行拓展开发，形成文化旅游的综合功能，弥补了传统旅游产业的传统景区（点）资源禀赋性不足的问题，更好地满足了游客的多层需求，拉长了文化旅游的消费链条，提高了旅游的附加值，使产业主体获得更高的利润回报。产业融合模糊了文化产业与旅游产业之间原有的产业边界，使各自的市场融合在一起，开辟了一个巨大的新市场，形成了共同的市场。市场空间的扩大，会吸引更多的参与者进入，从而促进资源整合。独特的文化资源以及文旅融合模式

的差异化，有助于产业主体核心竞争力的打造，使旅游产业更具有生命力与竞争力。产业空间不断扩大，促进了文化与旅游构建良好的补充关系，丰富了产业系统，推动了产业系统内部结构的高级化和复杂化，使产业具备更加完备的功能。文旅融合已成为产业发展的新引擎。从产业生态的角度而言，文旅融合是产业进化的具体表现。[①] 实践证明，用文化点亮旅游，是未来文化旅游产业高质量发展的生命线。

文化产业和旅游产业的"无边界性"表现出强大的产业关联效应和外部经济效应，决定了其"大产业"融合发展之路。深化融合的过程，就是创新发展的过程。随着以互联网科技为代表的技术发展，互联网的创新成果驱动文化旅游及相关社会经济各领域不断扩大融合，"文化＋旅游＋科技＋"融合发展新趋势愈加明显，更有利于集合各类创新力量，推动效率提升和结构变革，使传统产业向以互联网为基础设施和创新要素的新兴产业业态转变，实现产业升级。

三、促进山西经济转型发展

改革开放初期，山西被确定为全国能源重化工基地，能源工业快速发展，特别是煤炭采掘业成为山西的主导产业，为满足国家能源需求做出了重大贡献；但是，由于对轻工业投资不足，忽视了主导产业的转移和新的经济增长点的培育，进一步加剧了产业结构的单一化和重型化。20 世纪 90 年代后期，山西开始战略性调整产业结构，在省委召开的七届九次全会中，形成了"以调整经济结构为中心，以改革开放为动力，抓好五项创新，实现三个提高"的经济发展思路。但整体而言，山西的产业结构仍然呈现出产业层次和水平比较低，支柱产业单一，新兴产业

---

① 杨园争.山西省旅游产业与文化产业融合发展研究［D］.太原：山西财经大学，2013.

发展缓慢，第一产业、第二产业、第三产业发展不够协调，生态环境欠账较多等问题。

文化旅游业是一种特殊的综合性产业，从文化旅游资源开发到文化旅游产品生产，需要上下游一大批配套企业，具有关联性高、辐射性强的特点。发挥文旅产业的乘数效应，可以带动包括建筑工程、航空运输业、轻工业、商业、工艺美术、农副业及其他相关行业的发展，对相关产业资源的整合利用、效益增值有显著促进作用，能够有效调节第一产业、第二产业、第三产业间的关系，为山西经济发展提供新的增长点。深化文旅融合，大力发展文化旅游，有助于山西经济转型调整，使其趋于多样化、复杂化，从传统服务产业中派生出新的门类，增加服务业在经济结构中所占比重；有助于打破区域之间的壁垒，使省内各区域间的资源加速流动、重组，有效增强区域之间的联系，促进山西文化旅游市场一体化；有助于改变山西过去高耗能、高成本的经济增长模式，推动经济增长方式由粗放型向集约型转变；有助于改善生态环境和人文居住环境，为经济发展创造更加优良的环境。

面对经济下行压力和旅游消费需求提速升级的重大机遇，在升级传统产业的基础上，山西着手发展新兴产业，制定了大力推进文化旅游业改革发展、着力打造旅游目的地、加快将文化旅游业培育成战略性支柱产业、建设文化旅游强省的发展战略。2004 年，山西将结构调整的实施重点确定为能源、冶金、装备制造、新型材料、化学医药、农畜产品加工业、旅游文化和现代服务七大产业领域。山西省"十三五"规划将文化旅游产业列为山西七大非煤产业之首。2017 年，山西进一步明确，把文旅融合作为转型发展的重要抓手，大力构筑黄河、长城、太行三大板块，全面推进国家全域旅游示范区建设，加快文旅融合发展步伐。2021 年，山西在《关于创建国家全域旅游示范区的实施意见》中制定了到 2025 年文化和旅游综合收入要跨越万亿规模的目标。文化旅游产业作为一种无法外移的产业，随着文旅融合的深化，产业积累和增值效果的不断显现，对于山西经济发展将发挥越来越重要的作用。

四、促进本土文化传播

旅游作为当今世界最广泛、最大众的交流方式，承载着旅游地的文化形象，是文化展示和文化传播的窗口。旅游活动的开展让旅游者对旅游地产生文化感知，同时，外来文化的进入也会对当地的居民产生文化影响。研究表明，交往和文化传播的加强，推动了旅游者与旅游地居民间的交往向持久性、平等性转变。[①]

深化文旅融合，给旅游活动赋予了山西厚重的文化内涵，游客在旅游的过程中能够切身感受到山西厚重的历史文化，体验山西独有的民俗风情，让更多的人了解山西、认识山西，塑造山西形象，将有效促进山西文化的传播与影响，助力本土传统文化的继承与发展，提升山西文化软实力。同时，文化传承的内源性动力是文化持有群体的文化自觉。[②]文化旅游的开发以及不同文化间的碰撞、交流，使本土居民认识到了自身文化的价值，增强了对自身文化的认同与自信。

文旅融合的过程是对山西本土优秀文化挖掘、保护、传承的过程。文化遗产是宝贵的不可再生资源，民间传说、习俗、语言、音乐、舞蹈、礼仪等优秀文化面临断层。旅游开发市场化、产业化，为文化保护提供了资金、人才支持，推动了文化的繁荣。

[①]　孙九霞.旅游中的主客交往与文化传播［J］.旅游学刊，2012，27（12）：20-21.
[②]　郭山.旅游开发对民族传统文化的本质性影响［J］.旅游学刊，2007（4）：30-35.

第二章 山西文旅融合发展环境

环境是产业发展的土壤，文化与旅游的融合离不开特定的环境。系统、深入地认识山西文旅融合发展的内外环境状况以及演变趋势，有助于准确把握融合发展的方向和节奏，突出山西在文旅融合中的独特优势，从而为探析山西文旅融合发展提供基础。

第一节 外部发展环境

良好的外部环境既是文旅融合的重要基础，也是驱动文旅融合的重要动力来源。基于 PEST 理论模型，P（政治，Politics）、E（经济，Economy）、S（社会，Society）、T（技术，Technology）四个方面构成了山西文旅融合发展所面临的外部环境要素。

一、政治环境

1. 明确顶层设计，为科学发展奠定坚实基础

党和国家重视文化产业，为了引导产业健康发展，既立足于特定的历史和国情条件，又着眼于文化旅游的可持续发展，先后制定了一系列指导

产业发展的政策，面向不同阶段文化产业发展的战略目标，提出了阶段性发展的要求。各阶段的政策环环相扣，层层递进。2000年10月，党的十五届五中全会通过的《中共中央关于制定国民经济和社会发展第十个五年计划的建议》，第一次明确提出要推动文化产业发展。2009年7月，在全球金融危机的背景下，继钢铁、汽车、纺织等十大产业振兴规划出台后，国务院常务会议审议通过了《文化产业振兴规划》。这是我国第一部关于文化产业的专项规划，标志着文化产业已经上升为国家的战略性产业，既凸显了文化产业的特殊优势和功能，又为产业发展带来了新的机遇和条件。2011年2月，《中华人民共和国国民经济和社会发展第十二个五年规划纲要》更是明确提出要"推动文化产业成为国民经济支柱性产业"。2011年10月，中国共产党第十七届中央委员会第六次全体会议通过的《中共中央关于深化文化体制改革推动社会主义文化大发展大繁荣若干重大问题的决定》提出："推动文化产业跨越式发展，使之成为新的经济增长点、经济结构战略性调整的重要支点、转变经济发展方式的重要着力点，为推动科学发展提供重要支撑。"党的十八大和习近平总书记一系列重要讲话，提出"扎实推进社会主义文化强国建设"，赋予了文化建设新的使命和新的要求。2014年，国务院总理李克强在第十二届全国人民代表大会第二次会议上所作的政府工作报告明确指出，"提升文化产业发展水平，培育和规范文化市场。传承和弘扬优秀传统文化，重视保护文物。加快文化走出去，发展文化贸易，加强国际传播能力建设，提升国家文化软实力"。这些都标志着文化产业作为核心领域将站在一个新的时代起点上，迎来一个大发展大繁荣的契机。2021年5月，文化和旅游部发布的《"十四五"文化产业发展规划》描绘了文化产业发展蓝图："到2025年，文化产业体系和市场体系更加健全，文化产业结构布局不断优化，文化供给质量明显提升，文化消费更加活跃，文化产业规模持续壮大，文化及相关产业增加值占国内生产总值比重进一步提高，文化产业发展的综合效益显著提升，对国民经济增长的支撑和带动作用得到充分发挥。""展望 2035 年，我国将建成社会主义文化强国。"为了全面贯彻乡村振兴战略，发挥"文化引领，产业带动"作用，促进乡村特色文化产业发展，2022 年 4 月，文化和旅游部、教育部、自然资源部、农业农村部、国家乡村振兴局、国家开发银行联合印发了《关于推动文化产业赋能乡村振兴的意见》，以文化产业赋能乡村经济社会发展。

与此对应，围绕产业发展目标，重点从财政、金融、人才、科技等方面形成了一系列配套政策。2012 年 2 月，《国家"十二五"时期文化改革发展规划纲要》与《文化部"十二五"时期文化产业倍增计划》相继颁布出台，明确了到 2015 年我国文化改革发展的 10 项主要目标及具体要求，并明确国家从财政、税收、金融、用地等方面加大扶持力度。在此基础上，相关部门进一步出台了《关于继续实施支持文化企业发展若干税收政策的通知》（财税〔2014〕84 号）、《关于深入推进文化金融合作的意见》（文产发〔2014〕14 号）、《关于推动特色文化产业发展的指导意见》（文产发〔2014〕28 号）、《关于促进交通运输与旅游融合发展的若干意见》（交规划发〔2017〕24 号）、《文化和旅游部关于推动数字文化产业高质量发展的意见》（文旅产业发〔2020〕78 号）、《关于全面加强知识产权司法保护的意见》（法发〔2020〕11 号）等一系列政策文件，强调自主创新，鼓励技术进步，较好地实现资源的有效配置，加速产业结构的合理化。

2. 加大政策扶持力度，为文旅融合提供强劲动力

文化旅游发展政策对振兴文化产业和旅游产业、贯彻落实文化强国战略、增强文化影响力和竞争力具有引导、调节的重要功能，为文旅融合提供了强劲动力，有效地支持了文化旅游的成长壮大。

2009 年 8 月，为推进文化与旅游协调发展，进一步加快文化与旅游的融合，文化部和国家旅游局 ① 制定了《关于促进文化与旅游结合发展的指导

---

① 2018 年 3 月，根据第十三届全国人民代表大会第一次会议批准的国务院机构改革方案，组建中华人民共和国文化和旅游部，不再保留文化部和国家旅游局。

意见》，两部门首次"联姻"，共同为文化与旅游企业提供服务与支持。同年 12 月，《国务院关于加快发展旅游业的意见》（国发〔2009〕41 号），对旅游业进行了全新的定位，提出要把旅游业培育成国民经济的战略性支柱产业。2014 年 8 月，国务院为促进国内旅游业改革和发展发布了《国务院关于促进旅游业改革发展的若干意见》（国发〔2014〕31 号），是继《国务院关于加快发展旅游业的意见》之后对旅游业改革发展做出的又一重大部署。2015 年 8 月，《国务院办公厅关于进一步促进旅游投资和消费的若干意见》出台，明确提出：实施旅游投资促进计划，新辟旅游消费市场；实施旅游消费促进计划，培育新的消费热点。2016 年 12 月，面对全面建成小康社会对旅游业发展提出的更高要求，国务院印发《"十三五"旅游业发展规划》，提出以抓点为特征的景点旅游发展模式向区域资源整合、产业融合、共建共享的全域旅游发展模式加速转变，旅游业与农业、林业、水利、工业、科技、文化、体育、健康医疗等产业深度融合，实现旅游业发展战略提升。2018 年 3 月，国务院办公厅印发《国务院办公厅关于促进全域旅游发展的指导意见》（国办发〔2018〕15 号），将"统筹协调，融合发展"作为基本原则，指出大力推进"旅游 +"，促进产业融合、产城融合，全面增强旅游发展新功能；推动旅游与科技、教育、文化、卫生、体育融合发展；提升传统工艺产品品质和旅游产品文化含量。2020 年 12 月，十部委联合发布的《关于深化"互联网 + 旅游"推动旅游业高质量发展的意见》提出，到 2025 年，"互联网 + 旅游"融合更加深化，以互联网为代表的信息技术成为旅游业发展的重要动力。2021 年 12 月，在旅游业作为国民经济战略性支柱产业的地位更为巩固的基础上，国务院印发《"十四五"旅游业发展规划》（简称《规划》），进一步明确了文化和旅游深度融合，"以文塑旅、以旅彰文"，把文化内涵融入旅游业发展全过程，坚持创新驱动发展，推动"旅游 +"和"+ 旅游"，形成多产业融合发展新局面。《规划》指明了旅游业发展的目标和重点任务，为新时期旅游业绘制了清晰的发展蓝图。政策的鼓励和扶持力度不断加大，将文化旅游发展纳入社会经济发展全局规划中，形成了文化旅游总体规划与重要专项规划相结合的完整体系，具有较强的系统性和配套性；突破了"景点旅游发展模式"，以区域整体旅游发展为导向，统一规划布局，提升旅游业现代化、集约化、品质化、国际化水平，推动现代文化旅游发展进入新的阶段。

3. 创新体制机制，为文旅融合提供有力保障

文旅融合进一步打破了产业壁垒，因此，更加需要强化统筹协调和部门联动，形成工作合力，从而为文旅融合提供保障。随着融合的深化，文化旅游必将持续升级换代，不断涌现出更多新的业态，这就对深化文化旅游管理体制改革提出了客观要求。

为推动文化事业、文化产业和旅游业融合发展，2018 年，国务院将文化部和国家旅游局的职责进行整合，组建了文化和旅游部。作为国家战略，部门的合并理顺了管理体制，体现了未来的发展方向和布局思路，有效打破了行政隔阂和管理壁垒，能够将原来分属于两个不同部门的资源进行科学整合和有机融合，协调管理职能，提升政府服务效率，对于统筹文化、旅游资源开发，充分发挥文化和旅游的优势，推动文化旅游产业发展有重要的意义。伴随着国家层面的行政机构整合，各省市的文化和旅游厅等机构相继组建成立，为文化旅游发展扫除了机制障碍。更加合理的行政管理体系已经形成，多头管理、职能交叉、推进缓慢等问题逐步减少，政府角色由"管办结合"向监督和服务转变，从而进一步激发地方文化旅游的发展活力。

二、经济环境

1. 经济发展持续向好

旅游发展与经济增长水平相联系、相适应，社会生产力的发展水平决定了各个时代旅游的规模、内容和方式。我国经济快速发展，尤其是改革

开放以来经济发展取得巨大成就，全面建成小康社会。作为世界第二经济大国，从 2012 年到 2021 年，国内生产总值从 54 万亿元增长到 114 万亿元（见图 2-1），我国经济占全球经济比重由 11.4% 上升到 18% 以上，第三产业占国内生产总值比重由 45.5% 提高到 53.3%（见图 2-2）。[①]《中华人民共和国 2021 年国民经济和社会发展统计公报》显示，全年国内生产总值 1143670 亿元，比上年增长 8.1%，两年平均增长 5.1%。其中，第三产业增加值 609680 亿元，增长 8.2%，对经济增长的贡献率稳中带涨。交通运输、餐饮住宿等产业发展有力地促进了旅游基础设施的完善。全年人均国内生产总值 80976 元，比上年增长 8.0%。全年全国居民人均可支配收入 35128元，比上年增长 9.1%，人均消费支出 24100 元，比上年增长 13.6%，人均服务性消费支出 10645 元，比上年增长 17.8%，占居民人均消费支出的比重为44.2%。居民消费水平稳步提升。

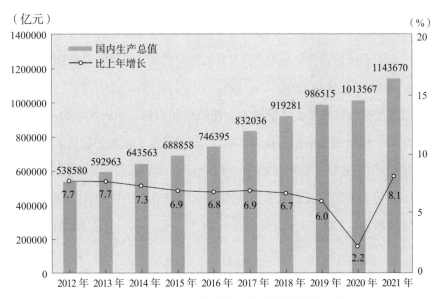

图 2-1　2012—2021 年国内生产总值及其增长速度

①　张霞：我国近十年经济发展成就与经验总结［EB/OL］.（2022-10-17）［2022-12-20］. http://www.cssn.cn/jjx/cjzlyj/202210/t20221021_5551291.shtml.

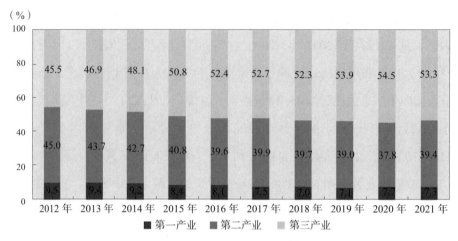

图 2-2　2012—2021 年三次产业增加值占国内生产总值比重

作为山西文化旅游的基体，山西区域经济发展呈现出积极变化。山西经济总量从 2017 年超过 1.4 万亿元，到 2020 年跃上 1.7 万亿元台阶，在 2021 年达到 22590.2 亿元。随着经济总量的不断提高，山西人均生产总值也在不断提高，2021 年达到 64821 元，折合 10047 美元（按 2021 年平均汇率计算）。[①] 持续稳定的经济增长为山西文化旅游发展创造了更加有利的经济条件。

2. 旅游消费快速增长

随着居民收入水平的不断提高，闲暇时间增加，居民购买力不断增强。2021 年，全国居民恩格尔系数为 29.8%[②]，在满足了基本的物质需求外，追求精神层面的满足成为重要的消费构成，文化和旅游需求潜力被不断激发，旅游势头渐旺，旅游人数逐年增加，旅游消费快速增长。即便受到新冠疫情的影响，2021 年国内游客仍达到 32.5 亿人次，比上年增长 12.8%。

① 山西省 2021 年国民经济和社会发展统计公报［EB/OL］.（2022-03-21）［2022-12-20］. http://www.shanxi.gov.cn/ywdt/sxyw/202203/t20220321_6070978.shtml?eqid=80113435000b2d7f000000026439064b.

② 国家统计局. 中华人民共和国 2021 年国民经济和社会发展统计公报［R/OL］.（2022-02-28）［2022-12-20］. https://www.gov.cn/xinwen/2022-02/28/content_5676015.htm.

其中，城镇居民游客 23.4 亿人次，增长 13.4%；农村居民游客 9.0 亿人次，增长 11.1%。国内旅游收入 29191 亿元，增长 31.0%。其中，城镇居民游客花费 23644 亿元，增长 31.6%；农村居民游客花费 5547 亿元，增长 28.4%。[①] 居民文化和旅游消费规模保持快速增长态势，居民精神文化生活更加丰富。

消费增加带动文化和旅游产品服务供给更加丰富，亲子旅游、研学旅游、乡村旅游、康养旅游等新业态发展迅速，加快了消费升级换代的速度，居民消费从需求型向品质型转变，消费结构更加合理，消费环境更加优化。

三、社会环境

1. 庞大的人口数量孕育巨大的产业空间

2021 年末，我国全国人口（不包括居住在 31 个省、自治区、直辖市的港澳台居民和外籍人员）为 141260 万人，比上年末增加 48 万人。从总人口来看，巨大的人口数量为文旅发展提供了广阔的市场空间。随着社会经济持续发展，城市化水平不断提高，城市人口占总人口的比重不断增大。从城乡人口构成来看，2021 年城镇常住人口为 91425 万人，比上年末增加 1205 万人；乡村常住人口为 49835 万人，比上年末减少 1157 万人；全国常住人口城镇化率为 64.72%，比上年末提高 0.83 个百分点。城镇集中了更多的文化服务和旅游服务资源，随着城市化进程的加速与深化，人口的聚集带来了市场的集中，有利于产业运营效率的进一步提高。

我国老龄化程度持续加深，老年人越来越多。旅游是老年人的重要消

[①] 国家统计局 . 中华人民共和国 2021 年国民经济和社会发展统计公报［R/ OL］.（2022-02-28）［2022-12-20］. https://www.gov.cn/xinwen/2022/02/28/ content_5676015.htm.

费构成，其市场规模随着老年人数量增多不断扩大。同时，老年人往往错峰外出旅游，对于平缓旅游市场淡季有积极作用。2016 年全面实施二孩政策以来，第一批"二孩"家庭即将进入消费期，为旅游发展提供了新的消费人口。

2. 文化事业投入不断加大

我国对建设和发展文化事业高度重视与支持。2015—2019 年，全国文化事业费在国家财政支出中的比重整体上逐年增加，2015 年的比重为0.39%，2019 年的比重为 0.45%，相较 2018 年增加 0.03 个百分点，相较2015 年增加 0.06 个百分点。[①] 2021 年，全国文化和旅游事业费 1132.88 亿元，比上年增加 44.62 亿元，增长 4.1%；全国人均文化和旅游事业费 80.20元，比上年增加 3.12 元，增长 4.0%。文化和旅游事业费占财政总支出的比重为 0.46%，比上年提高 0.02 个百分点。[②]

随着国家在文化事业上不断加大资金投入的力度，一大批优秀文化艺术人才崛起，文化生产和艺术创作精品不断涌现，有效地激活了民众的文化热情，坚定了文化自信。

公共文化服务不断优化。据统计，截至 2020 年，全国共建有公共图书馆 3212 个，博物馆 5788 家，文化馆 3321 个，乡镇综合文化站 32825 个，村级综合性文化服务中心 575384 个。[③] 基本公共文化服务标准化、各类文化惠民工程和丰富多彩的群众性文化活动开展，使人民群众基本文化权益得到有效保障，彰显出良好的社会效益。公共文化服务科技化、数字化水平

① 徐瑾，江畅. 文化建设蓝皮书：中国文化发展报告（2021）［R］. 北京：社会科学文献出版社，2022.

② 文化和旅游部. 中华人民共和国文化和旅游部 2021 年文化和旅游发展统计公报［R/OL］.（2023-03-17）［2023-03-20］. https://www.gov.cn/guoqing/2023-03/17/content_5747149.htm.

③ 中华人民共和国国务院新闻办公室. 全面建成小康社会：中国人权事业发展的光辉篇章［N］. 人民日报，2021-08-13（10）.

不断提升，数字图书馆推广工程已覆盖全国 39 家省级图书馆、376 家市级图书馆，服务辐射 2760 家县级图书馆。[①] 公共文化供给方式更加多元化，服务水平显著提高，民众的文化获得感持续提升。

四、技术环境

纵观人类近代发展历史，产业革命往往由以重大技术发明为主要特征的技术革命引发，当新的技术发明转化为各种有形的产品后，就会出现新的产业。当今，以互联网为代表的数字技术快速发展，经历了不断演进和迭代，逐步渗透于产业的生产、流通、消费等各个环节，不断释放创新动能，深刻地改变了原有的商业模式，使传统产业不断改造、升级，助力数字经济和实体经济融合发展，为社会经济的高质量发展提供了强劲动力。

1. 数字化生态逐步形成

从 PC（个人计算机，Personal Computer）互联网到移动互联网，再到万物互联，我国基础网络建设取得巨大发展。中国互联网络信息中心（CNNIC）发布的第 50 次《中国互联网络发展状况统计报告》显示，截至 2022 年 6 月，我国网民规模为 10.51 亿，互联网普及率达 74.4%；5G（第五代移动通信技术，5th Generation Mobile Communication Technology）建设和普及不断深化，互联网基础建设全面覆盖，已累计建成开通 5G 基站 185.4 万个，实现"县县通 5G、村村通宽带"。以 5G 为代表的"新基建"发展提速，随着日后商用范围的扩大，将带来更大规模的信息消费和产业发展空间。

随着基础网络进一步成熟，网络购物、网络直播、短视频等各种互联网应用涌现，应用场景不断延伸。网络消费在居民消费中的占比持续增加，各类电商平台提供了多元化的消费渠道，形成了完善的供应链条。短视频

---

① 中华人民共和国国务院新闻办公室.全面建成小康社会：中国人权事业发展的光辉篇章［N］.人民日报，2021-08-13（10）.

迅速崛起，由于其参与门槛低、内容丰富多样、极具创意和个性、交互性强等特点，成为互联网新兴的内容传播方式，深受大众青睐，用户规模增长明显。截至 2022 年 6 月，短视频用户规模为 9.62 亿。[①] 直播技术不断进步，网络直播已广泛用于营销和娱乐领域，直播与电商融合进一步加速，商业模式不断创新。从日常生活到商务交易，再到公共服务，新的数字产业和消费生态正在形成。

2. 数字化技术赋能文化旅游

2020 年 11 月，文化和旅游部等十部委联合发布的《关于深化"互联网 + 旅游"推动旅游业高质量发展的意见》指出，推动信息技术革命成果应用普及，深入推进旅游领域数字化、网络化、智能化转型升级。新技术在文化和旅游领域的创新应用，突破了传统产业的边界，成为产品融合、市场融合、功能融合等的重要驱动力，推动着文化旅游生态融合和业态创新。特别是新冠疫情发生以来，以数字技术为支撑的数字经济发展强劲，为文旅产业注入了更多活力。

以 VR（虚拟现实技术，Virtual Reality）、大数据、物联网、云计算、5G 等为代表的数字化新技术有力地推动了文旅产业链上下游各环节的数字化改造，沉浸式、体验式、互动式消费新场景的拓展，更好地满足了多样化、个性化的文旅需求。以 VR 技术应用为例，2019 年，巴黎圣母院发生火灾后，制作游戏《刺客信条》的育碧蒙特利尔工作室表示，工作室在制作游戏的时候已经对巴黎圣母院进行了高精度的还原，可以为其修复提供数据。现在，很多国家都已经推出了沉浸式 VR 旅游项目，游客通过虚拟现实设备能够远程自由选择游玩路线、速度以及视角，轻松领略世界闻名的旅游景点，甚至能够获得听觉感知、运动感知等，有身临其境的感觉。

---

① 中国互联网络信息中心. 第 50 次《中国互联网络发展状况统计报告》［R/OL］.（2022-09-28）［2022-12-23］. https://www.thepaper.cn/newsDetail_forward_20105580.

目前，虚拟体验虽然还不能完全替代现实体验，但可以有效激发旅游兴趣，挖掘潜在游客，并为现实旅行带来更大的期待和更多的灵感。此外，"旅游＋直播"日益受到用户青睐，通过即时的高清视频将文化遗址、美食美景等进行数字化呈现，传播了文化、历史、民俗等优质文旅内容，提升了大众对旅游目的地的关注度，构建起游客与旅游地间的互动桥梁。

智慧旅游已初露端倪，越来越多的智慧文旅解决方案被运用于精细化旅游管理中，智慧旅游正在悄然改变着游客的消费方式与消费习惯。我们正迎来从 Web2.0（第二代互联网）迈向 Web3.0（第三代互联网）的变革。未来，新一代信息技术将带动下一代互联网发展，文化旅游也将伴随新技术的广泛应用，逐步完成数字化、网络化、智能化转型升级，呈现新的样貌。可以预见，文旅产业与新技术的深度融合发展，将成为未来文化旅游发展的新引擎。

第二节　内在融合基础

一、丰富的文化旅游资源

"五千年文明看山西"，山西几千年的文明发展史孕育了博大精深、源远流长的地域文化形态，呈现出体量大、分布广、底蕴深厚、特色鲜明、品质卓越等特点，被誉为华夏文明的"主题公园"。

作为中华文明的发祥地之一，山西历史历经数千年演进而不绝，遗留下古建筑、民居、石窟、壁画、彩塑等大量物质文化遗产。据统计，全省拥有 35000 处文物古迹，国家级文物保护单位居全国第一。在全国发现的早期旧石器文化遗址 200 余处中，山西就有 157 处。山西现存宋、辽、金以前木结构古建筑 120 座，占全国的 75% 以上；现存古代彩塑 12712 尊，古代壁画 25000 多平方米，古戏台 2888 座，其中元代戏台和元代戏曲壁画为山西独有，北魏至明清石窟寺 300 多处。山西是现存长城朝代跨度最大的省份，战国至清代 10 个朝代长城共 2500 多公里。山西有世界文化遗产 3 处，国家大遗址保护项目 4 处，国家级历史文化名城 5 座，历史文化名镇 4 个，历史文化名村 8 个。山西有中国三大石窟之一云冈石窟（世界文化遗产），四大佛教名山之一五台山，五岳之一北岳恒山，四大名楼之一鹳雀楼，中国目前保存最为完整的四座古城之一平遥古城（世界文化遗产）。这些珍贵而众多的物质文化遗产特色鲜明、内容丰富，构成了一个庞大而完整的系统，研究价值和观赏价值极高，在全国乃至全球都具有重要地位和影响力。同时，这些物质载体背后蕴含着丰富的精神内涵，展现了华夏民族的创造力和生命力。

除了物质文化遗产，山西还有丰富的非物质文化遗产，是全国非物质文化遗产大省之一，非遗保护工作位列全国第一方阵。截至 2018 年 7 月，四大梆子、民间歌舞、锣鼓艺术等 116 个项目列入国家级非物质文化遗产名录，确定项目保护单位 168 个，位列全国第三；进入省级非遗代表性名录项目 537 项、保护单位 942 个；市级项目 1534 项，县级项目 4010 项。山西现有 6322 位四级（国家、省、市、县）非遗传承人，包括国家级代表性项目名录代表性传承人 150 人，省级代表性传承人 815 人，市级传承人 1855 人，县级传承人 3502 人。四级非遗代表性项目名录和传承人体系基本形成。[1] 这些非物质文化遗产是山西人民在长期的生产生活中创造和积累的智慧和技艺，是山西文化的重要组成部分和特色标识。它们不仅体现了山西人民的审美情趣和精神追求，还反映了山西人民的历史记忆和文化认同。它们既有地域性和时代性的特征，又有普遍性和永恒性的价值。它们

---

① 王媛. 山西省非遗保护工作位列全国第一方阵［EB/OL］.（2018-07-19）. http://www.yqcq.gov.cn/snxw/201807/t20180719_740881.html.

既是山西人民传承和弘扬优秀传统文化的重要载体，又是山西文化旅游发展的重要资源。

近年来，山西通过整合原创资源，形成了黄河文化、山岳文化、史前文化、农耕文化、佛教文化、根祖文化、红色文化、边塞文化、关公文化、晋商文化、建筑文化、古村落文化、饮食文化、戏剧文化、锣鼓文化以及民俗文化等一批强势文化资源品牌，构成了山西文化旅游发展的重要资源基础。

二、深厚的文化旅游基础

以晋中民居建筑为代表的晋商文化、以敌后抗日根据地为中心的红色文化、以五台山为代表的宗教文化、以洪洞大槐树为中心的根祖文化等，经过多年的发展已逐步形成了各具特色的文化旅游市场。

1. 晋商文化旅游

晋商文化是以整个山西为背景，以商贸为中心形成的一种文化形态，也是以晋商在中国市场上发迹、称雄为起点，从明、清延续到民国时期，以商业为纽带的一系列文化现象。晋商在长期经营实践过程中所形成的以义取利的经营思想、以诚信为本的商业伦理，以及进取精神、敬业精神、群体精神，不仅凝聚了中华民族传统美德的精华，而且书写了我国商业思想文化史上浓重的一笔。依托晋商文化，形成了以晋中晋商大院、万荣李家大院以及晋城皇城相府为中心的大院文化旅游区。位于晋中的常家庄园便是典型代表。榆次常氏作为我国古代从福建经山西至欧洲各国万里茶路的开拓者，在商业活动日益兴起的明末清初开始大规模地兴修宅院。经过九世的努力，事业如日中天的同时，常家宅第建筑也进入了辉煌时期，融儒家秩序与道家浪漫于一体，集北方厚重与南方灵秀于一体，堪称中国民居建筑经典之作。虽然现在庄园的面积不到当年的1/4，但我们在岁月的河床里寻觅时，仍可在这里感受到常家昔日的雄风和不同凡响的儒雅。

2. 红色文化旅游

山西是具有光荣传统的革命老区，也是红色文化资源的重要聚集地，孕育了伟大的太行精神和吕梁精神，是抗战精神的重要组成部分。全省的红色旅游景点有110多处，以抗日战争时期为主，包括八路军总部旧址、八路军太行纪念馆、百团大战指挥部和纪念馆、抗日军政大学总校旧址、红军东征纪念馆、白求恩模范医院旧址、刘胡兰烈士纪念馆、国民师范旧址、徐向前元帅故居等。其中，麻田八路军总部旧址是抗日战争时期华北地区的政治、军事、经济、文化中心。麻田镇地处晋冀豫三省要隘，地形易守难攻。抗战时期八路军总部在麻田驻扎时间最长，朱德、彭德怀、刘少奇等老一辈革命家都曾在此工作，指挥了百团大战、黄崖洞保卫战等著名战役，对敌寇进行了沉重的打击，推动了华北根据地的巩固和发展，奠定了抗战胜利的基础。如今，这里保存着许多珍贵的抗战时期建筑和革命文物。整个院落布置井然有序，是人们缅怀老一辈无产阶级革命家和先烈光辉业绩的纪念场所。

3. 宗教文化旅游

山西是宗教文化丰富的省份，尤以佛教盛行。山西依托佛教文化，形成了以五台山、云冈石窟为中心的佛教文化旅游区。五台山位居中国四大佛教名山之首，是世界五大佛教圣地之一，是佛教文物、艺术的宝库，是全国佛教遗产最为丰富的地区之一，有世界现存最庞大的佛教古建群。世界遗产委员会这样评价五台山："五座台顶，珠联璧合地将自然地貌和佛教文化融为一体，将对佛的崇信凝结在对自然山体的崇拜之中，完美体现了中国'天人合一'的哲学思想，成为持续1600余年的佛教文殊信仰中心——一种独特而富有生命力的组合型文化景观。"此外，始创于北魏的玄中寺为中日净土宗的摇篮；大同云冈石窟拥有精美的建筑雕刻与佛教造像，其石窟文化可与敦煌媲美；广胜寺的金版藏经《赵城金藏》为当今整理出版《大藏经》的主要底本。山西也是道教文化传播的重要地区。恒山是我国北方著名的道教发祥地之一，历代都有道教名家在此修行的传说，留下许多美丽的故事。北武当山的道教庙观建筑群经历了 1000 多年的风雨变化，1990 年被山西省民族宗教事务局确立为全省唯一的道教活动场所，由此形成了以北武当山为代表的道教文化旅游区。

4. 根祖文化旅游

山西是中华民族的重要发祥地之一，也是中国古代文明和传统文化的主要发祥地之一。山西有独特的根祖文化旅游资源，吸引着广大中外游客特别是东南亚华人华侨寻根问祖。山西的高平炎帝陵，洪洞的大槐树和女娲陵，运城的关帝庙、舜帝陵，永济的鹳雀楼，吉县的黄河壶口瀑布，是中国较大规模的祭祖圣地。以洪洞大槐树为例，"问我祖先在何处，山西洪洞大槐树"指的就是这里。明朝建立之初，由于天灾人祸，中原、江南等地人口锐减，而山西相对安定，风调雨顺，人口稠密。为了发展生产、恢复人口，明朝政府采取了移民政策，从洪武初年到永乐十五年（1417），从山西洪洞县出发，50 多年内先后共计移民 18 次，覆盖 18 个省市、500 多个县。经过辗转迁徙、繁衍生息，如今大槐树移民的后裔遍布全世界，洪洞大槐树被全球华人当作"家"、称作"祖"、看作"根"。600 多年来，回乡祭祖的海内外华人络绎不绝，形成了悠久的祭祖传统习俗。根祖文化对增强海内外华人的民族认同感和民族凝聚力有重要的作用和意义。以其为依托，山西形成了以河东、洪洞大槐树以及高平羊头山为中心的华夏根祖文化旅游区。

三、显著的地理区位优势

山西地势整体呈东北斜向西南的平行四边形轮廓，山河纵横，盆谷错落。东部有从东北方向绵延而来又向南延伸的太行山脉，西部是由北往南的吕梁山脉，在这两条山脉之间夹着一川——汾河，黄河环护山西西南部。早在先秦时期，这片地域就被形容为"表里山河"。唐宋八大家之一柳宗元在《晋问》开篇就说："晋之山河，表里而险固。"

作为中部内陆省份，山西承接东西，连接南北，是重要的战略要地。东以太行山为界，与河北为邻；西、南隔黄河与陕西、河南相望；北以外长城为界，与内蒙古毗连。山西毗邻京津冀，是贯通北京、西安两大国际旅游地的区域性廊道，具有十分明显的区位优势，在全国经济和文化格局中占据重要地位，市场潜力巨大。

随着高速公路网络的形成，石太客专、大西客专、大张高铁、郑太高铁、太原铁路枢纽西南环线等相继建成通车，大同、忻州、吕梁、长治、临汾、运城等支线机场全面通航，太原武宿机场升级为国际机场，全省已形成高铁、公路、航空纵横交错、四通八达的立体交通体系，与国内外主要旅游客源地的时空距离进一步拉近，大大缩短了山西与外界特别是京津地区的空间距离，在开辟境内外旅游市场上具有明显的可进入性优势，拓宽了文化旅游发展的空间。

四、不断完善的基础设施

基础设施建设已经成为影响文化旅游产业发展的重要因素。目前，山西省旅游配套基础设施建设已经初见成效。1999年以来，山西省委、省政府把旅游业作为支柱性产业来抓，在景区供水供电、交通道路、垃圾处理等建设方面投入了大量的资金，旅游基础条件得到改善。2018年，山西黄河、长城、太行山三大旅游板块开发取得突破性进展：三条旅游专用公路全面开工，形成干线串联、支线循环、面上成网的"城景通、景景通"旅游公路网络。黄河风景道、太行山步道等建设不断加快。

住宿餐饮、停车购物等配套服务设施日趋完善。2019年，山西推进建设了以太原、大同等中心城市和重要景区为核心的 17 个一级集散基地，139 个二级集散中心，以及配套的驿站、停车场、自驾车营地等公共服务设施。山西整合全省文化和旅游信息资源，打造了一站式智慧旅游云平台——"游山西"APP（应用程序），实现线上运营，进一步丰富了游客的智慧旅游体验。

深厚的文化积淀、丰富的文化旅游资源、优越的区位优势以及不断完善的旅游基础设施，为山西挖掘文化旅游资源，发展特色鲜明、魅力独具的文化旅游产业奠定了坚实的基础。

第三章 山西文化旅游发展历程

纵观山西文化旅游发展历史，其与经济体制改革有着高度的关联性。伴随着我国社会与经济发展，山西文化旅游发展分为四个阶段：历史萌芽期（1949—1979）、产业形成期（1980—1999）、转型发展期（2000—2009）、快速增长期（2010—2020）。

第一节 历史萌芽期（1949—1979）

一、中华人民共和国成立前山西旅游悠久的历史

山西的旅游活动自古就有。山西省史志研究院编、中华书局于2000年出版的《山西通志 第四十五卷 旅游志》记载，"相传早在4000多年前，舜帝曾北巡恒山并叩封北岳"。如今，山西仍有多处皇帝行宫遗址。为考察山川物产、风土民情，进行文化交流，东晋旅行家法显、北魏历史地理学家郦道元、唐代诗人李白、明代著名地理学家徐霞客、日本名僧灵仙和圆仁大师、意大利旅行家马可·波罗等都曾游历过山西。其中，徐霞客将旅行见闻写成了《游五台山日记》和《游恒山日记》，后收入《徐霞客游记》；

诗人李白在《忆旧游寄谯郡元参军》中写道"时时出向城西曲，晋祠流水如碧玉"，提及时常光顾太原府（并州）城西的名胜古迹——晋祠。在提供食宿服务方面，早在汉代，平阳（今临汾市）等地就有旅栈、驿站。唐宋时期，山西店肆盛之极。这些旅栈、驿站接待了大批过往的官员、文人和商旅行人。至今，寿阳等地仍有古驿站遗存。较为大众化的短途旅游活动，例如传统的阳春三月踏青、清明节祭祖郊游、七月炎夏避暑朝山、九九重阳登高、民间赶集逛庙会以及宗教朝山拜圣等，仍为百姓生活中较为普遍的活动。

鸦片战争后，一些外国人来山西实地考察、旅行经商、开办酒店、从教办医。民国时期，山西旅游活动有所发展，孙中山先生游览太原、参观阳泉煤矿，印度诗人泰戈尔游览太原晋祠，考古学家、古建筑学家梁思成游览太原、五台山。其间，山西省政府于 20 世纪 30 年代初期兴办山西民用航空局，曾短期开办太原市空中游览业务。受国民经济发展条件和社会客观因素所限，山西近代旅游活动未能形成现代意义上的旅游经济活动。[①]

二、中华人民共和国成立后山西旅游的孕育

中华人民共和国成立后，经济迅速恢复，社会快速发展，国际影响力与日俱增。许多外国人来实地考察中国的新面貌，很多海外侨胞、外籍华裔迫切想回国探亲访友。因此，创办国际旅行社、开展国际旅行业务，成为国家外事接待的重要内容。

随着山西省国民经济的迅速恢复，1954 年以后，陆续有许多外国政府代表团、群众团体、社会人士、专家学者等来山西参观访问，山西的旅游

---

① 郅润明.山西旅游业发展研究［M］.太原：山西人民出版社，2008.

活动逐渐发展起来。为了搞好外事接待工作，1955 年 8 月，由省政府投资建设的迎泽宾馆（东楼）开始营业。这是山西省第一家指定接待国家元首、外国援华专家、外国旅游者和承办省内重要会议的宾馆。

1959 年，中国国际旅行社太原分社在太原市并州饭店成立，标志着山西省现代旅游业的产生与起步。这是山西省最早的专门接待外国人的国际旅行社。该社直接受山西省人民委员会和太原市人民委员会的领导。该社的主要接待对象为自费来华的外国旅游者，苏联等社会主义国家的友好人士、援华工程技术人员及其家属，有限制、有选择地少量接待资本主义国家的游客。

随着国民经济的发展和人民生活水平的提高，旅游活动逐渐展开。人们利用节假日到旅游景区景点参观、游览，各大工矿企业、行政事业单位组织劳动模范、干部进行保健疗养，以及大、中、小学校组织学生开展假日游园等旅游活动。但是，由于这一时期我国国民经济整体水平较低，山西绝大多数城乡居民收入低，休闲时间少，旅游意识和旅游需求尚未形成。

"文化大革命"结束后，中国与世界各国间的政治、经济、文化交流日益增强，到山西旅游参观的国外客人和港澳同胞逐年增加，特别是 1973 年法国总统蓬皮杜参观访问大同云冈石窟以后，陆续又有许多国家元首、政府首脑和代表团参观访问了大寨，有力地促进了山西旅游业的恢复和发展。与此同时，太原、大同、阳泉和大寨先后成立了旅行社。1977 年，仅大寨就接待了国外宾客 5199 人次。大寨、阳泉、大同先后实行了对外有限制性地开放。1977 年，中国旅行游览事业管理局在太原召开了全国旅游工作规划座谈会，对恢复和发展山西旅游业起到了积极的促进作用。在这一时期，太原晋祠、大同云冈石窟等一批著名的旅游景区每年接待国内外旅游者的人数都有明显增加。

第二节　产业形成期（1980—1999）

一、改革开放后山西旅游业的探索

改革开放前，山西旅游和其他省份一样以外事接待为主，只是具备了产业的雏形，还没有形成真正的产业。

改革开放之初，在中国旅游的大多是外国人，而外国人的消费水平普遍较高。因此，当时国家把发展入境旅游当作重要的外汇收入来源。1979 年 9 月，在全国旅游工作会议上，国家提出了旅游工作要从"政治接待型"转变为"经济经营型"，同时指示"积极发展，量力而行，稳步前进"。

随着改革开放政策的实施和全社会对旅游业认识的不断提高，旅游业的接待、创汇所带来的经济效益、社会效益逐渐引起政府和社会各方面的重视。1978 年，山西省革命委员会外事办公室设立了旅游处，负责管理全省国际旅游的相关工作。山西省旅行游览事业管理局于 1979 年 3 月正式成立，负责管理全省旅游工作和各地区旅游外宾、华人、华侨的接待工作。这些标志着山西现代旅游业正式迈开了发展的步伐，山西国际旅游业走上迅速发展的轨道。此后，山西各地相继建立旅游管理机构、旅行社和旅游汽车公司、旅游服务公司，为全省旅游产业的发展建立了基础。1978 年，山西接待国外旅游者 11119 人次，其中外国人 8643 人次、华侨 184 人次、港澳同胞 2292 人次。1978 年，山西旅游外汇收入 88.76 万美元，相当于人民币 150 万元。但是，由于山西旅游体制刚刚启动改革，这一时期的旅游业存在许多问题，比如，对旅游资源开发利用层次低、规模小，缺乏旅游全局性发展规划；在旅游经济活动中，政府起到关键主导作用；旅游收入有限，主要来自国际旅游的外汇收入；等等。

二、山西旅游产业的起步

1986 年，国务院将旅游业纳入国家"七五"计划，正式确立了旅游业的国民经济地位。1986 年初，山西省旅游局成为省政府直属管辖的全省旅游行政管理机构，同年开始实施山西省旅游业"七五"发展纲要，相继设立旅游事业费和旅游基本建设专项资金，加大对旅游业的投资，开启了由接待事业向旅游产业过渡。

1988 年，为了加强对全省旅游经济工作的领导、促进旅游业的发展，山西省人民政府成立了山西省旅游事业委员会，对协调和发展山西旅游业发挥了重要作用。1996 年，中共山西省委、山西省人民政府把旅游业列为全省的五大战略带头产业之一和第三产业的五个重点行业之一，先后出台了《中共山西省委、山西省人民政府关于调整产业结构的实施意见》《中共山西省委、山西省人民政府关于进一步扩大对外开放若干意见》等相关政策，同时在《山西省国民经济和社会发展"九五"计划和 2010 年远景目标纲要》中明确提出要大力发展旅游业，加大投入力度，促进旅游业快速发展。1997 年 7 月 30 日，山西省第八届人民代表大会常务委员会第二十九次会议通过了《山西省旅游管理条例》。这是山西省第一部地方性综合型旅游法规，为促进山西旅游产业发展奠定了重要基础。

1999 年 1 月 1 日，山西省人民政府发布了《山西省关于加快旅游业发展的决定》。该文件明确提出："从现在起至 2010 年，把旅游业作为我省优先发展的支柱产业之一。"1999 年 10 月，山西省政府在经济结构的相关工作会议上把旅游业列为重点扶持的七大优势产业之一。产业定位的确立，为产业发展奠定了良好的基础。自此，山西旅游进入产业化发展的新阶段，旅游业发展环境明显改善，资源开发速度加快，产业规模逐渐壮大。

1. 旅游业实现恢复性增长

随着旅游市场的扩大，特别是国内游客数量快速增加，山西旅游业开始初具规模。从 1985 年到 1999 年，山西省旅游业总收入呈现逐年稳步增长的态势，由 0.48 亿元增长到 66.40 亿元，翻了近 140 倍；旅游业收入在 GDP 中的比重从 0.22% 提高到 4.41%，在国民经济发展中的作用开始凸显（见表 3-1）。

表 3-1　1985—1999 年主要年份山西旅游收入

年份（年）	旅游总收入（亿元）	国内旅游接待收入（亿元）	国内旅游人均花费（元 / 人次）	地区生产总值亿元（亿元）	旅游总收入占地区生产总值比重
1985	0.48	0.36	10.00	218.99	0.22%
1990	2.80	2.22	47.74	429.27	0.65%
1995	16.71	15.00	153.53	1034.48	1.62%
1996	27.55	25.34	192.26	1226.02	2.25%
1997	46.79	43.68	242.67	1381.13	3.39%
1998	56.60	53.42	267.00	1486.08	3.81%
1999	66.40	62.87	263.86	1506.78	4.41%

注：数据来源于山西省统计局《山西统计年鉴 2000》。

2. 入境旅游收入增速略有落后

山西旅游外汇收入 1990 年为 500 万美元，1995 年增长到 2100 万美元，1998 年为 3800 万美元，1999 年为 4300 万美元。10 年间，旅游外汇收入实现了 760% 的增长。从增长速度来看，从 1990 年到 1995 年是最快的，但从 1995 年到 1999 年，增速逐步放缓。同时，山西的入境旅游收入增速落后于全国其他省份及直辖市，排名由第 20 位倒退为第 27 位（见表 3-2、表 3-3）。

表 3-2 1990—1999 年主要年份各地区国际旅游外汇收入（单位：百万美元）

地区	1990 年	1995 年	1998 年	1999 年	地区	1990 年	1995 年	1998 年	1999 年
北京	658	2182	2384	2496	湖北	22	73	88	105
天津	23	133	202	209	湖南	10	65	156	185
河北	5	42	100	124	广东	713	2393	2942	3272
山西	5	21	38	43	广西	76	121	156	202
内蒙古	1	91	126	120	海南	27	81	96	105
辽宁	69	189	262	304	重庆			88	97
吉林	6	41	38	45	四川	36	125	84	97
黑龙江	7	61	121	148	贵州	1	29	48	55
上海	230	939	1218	1364	云南	16	165	261	350
江苏	71	260	529	620	西藏		11	33	36
浙江	54	236	361	410	陕西	41	139	247	272
安徽	5	31	51	67	甘肃	6	21	30	37
福建	101	484	651	725	青海		2	3	4
江西	3	25	43	50	宁夏		1	1	2
山东	36	154	220	265	新疆	12	74	82	86
河南	6	60	101	114					

注：数据来源于国家统计局《中国统计年鉴 2000》。

表 3-3 1990—1999 年主要年份各地区国际旅游外汇收入排名

地区排名	1990 年	1995 年	1998 年	1999 年	地区排名	1990 年	1995 年	1998 年	1999 年
北京	2	2	2	2	湖北	6	17	19	18
天津	12	11	11	11	湖南	8	18	12	13
河北	20	21	17	15	广东	1	1	1	1
山西	20	26	26	27	广西	1	13	12	12
内蒙古	22	14	14	16	海南	3	15	18	18
辽宁	6	7	7	8	重庆			19	20
吉林	16	22	26	26	四川	2	12	21	20

续表

地区排名	1990 年	1995 年	1998 年	1999 年	地区排名	1990 年	1995 年	1998 年	1999 年
黑龙江	15	19	15	14	贵州	5	24	24	24
上海	2	3	3	3	云南	2	8	8	7
江苏	4	5	5	5	西藏		28	28	29
浙江	4	6	6	6	陕西	1	10	9	9
安徽	14	23	23	23	甘肃	2	26	29	28
福建	2	4	4	4	青海		29	30	30
江西	13	25	25	25	宁夏		30	31	31
山东	4	9	10	10	新疆	1	16	22	22
河南	10	20	16	17					

注：数据来源于国家统计局《中国统计年鉴 2000》。

3. 市场主体规模整体偏弱

随着旅游产业的恢复，山西各级旅游接待机构、旅游管理机构、旅游企业相继兴起。涉外饭店无论从数量上来看还是从从业人数上来看，相比改革开放之前，都有了一定的增长。但由于长期以来基础薄弱，市场规模相较全国其他省份较小。到 1999 年底，全国共有涉外饭店 7035 家，其中山西仅有 90 家，以国营为主、私营为辅，外商投资、港澳台投资的涉外饭店数量为 0，总数在全国排第 22 名（见表 3-4）。

表 3-4　各地区按经济类型划分的涉外饭店数量（1999 年底　单位：个）

地区	国有	集体	私营	联营	股份制	外商投资	港澳台投资	总数	排名
全国	4512	1003	174	223	404	472	247	7035	
北京	209	54	2	2	22	86		375	6
天津	37	14		3		29	1	84	23
河北	168			1		2		171	17

续表

地区	国有	集体	私营	联营	股份制	外商投资	港澳台投资	总数	排名
山西	67	11	3		9			90	22
内蒙古	76	3			5			84	23
辽宁	154	33	5	5	24	32	26	279	9
吉林	99	5	2		7	16	2	131	20
黑龙江	130	9	1		3	10	1	154	18
上海	172	51	2	20	16	14	11	286	8
江苏	294	49	1	12	15	16	15	402	4
浙江	189	91	8	12	75	15	16	405	3
安徽	151	16		3	11	15	7	203	14
福建	98	51	9	10	8	28	20	224	13
江西	82	1		3	2	5	2	95	21
山东	293	37	1	9	14	21	9	384	5
河南	124	16		2	2	1	2	147	19
湖北	232	37	2		30	11	8	320	7
湖南	94	77	1	4	8	12	2	198	15
广东	594	237	64	90	25	84	99	1193	1
广西	151	22	4	1	25	23	10	236	10
海南	75	39	21	28	40	25	3	231	11
重庆	47	1				4		52	27
四川	142	31	15	4	23	5	7	227	12
贵州	476	70	23	9	18	4	3	603	2
云南	32	10	2	1				45	29
西藏	49	5	1		8	1	1	65	26
陕西	56	2	1	3	3	6	1	72	25
甘肃	51							51	28
青海	15							15	31

续表

地区	国有	集体	私营	联营	股份制	外商投资	港澳台投资	总数	排名
宁夏	31	1	1		1	3		37	30
新疆	124	30	5	2	9	4	2	176	16

注：数据来源于国家统计局《中国统计年鉴2000》。

截至1999年底，山西共有155家旅行社，2366名旅行社职工，分别占全国旅行社数量和全国旅行社职工人数的2.12%、2.17%，排名分别为第23名、第15名（见表3-5）。

表3-5　各地区旅行社数量和职工人数（1999年底）

地区	旅行社数量（家）			旅行社职工人数（名）		
	合计	国际旅行社	国内旅行社	合计	国际旅行社	国内旅行社
全国	7326	1256	6070	108830	47153	61677
北京	430	152	278	16000	5952	10048
天津	183	19	164	1272	417	855
河北	316	31	285	987	354	633
山西	155	16	139	2366	846	1520
内蒙古	67	25	42	628	604	24
辽宁	370	49	321	2186	1056	1130
吉林	79	34	45	831	640	191
黑龙江	240	51	189	2183	583	1600
上海	395	39	356	6075	1932	4143
江苏	449	67	382	6430	2821	3609
浙江	510	46	464	5520	1787	3733
安徽	201	36	165	2923	888	2035
福建	280	37	243	4994	2701	2293
江西	182	18	164	2044	217	1827

续表

地区	旅行社数量（家）			旅行社职工人数（名）		
	合计	国际旅行社	国内旅行社	合计	国际旅行社	国内旅行社
山东	299	50	249	3935	1345	2590
河南	304	27	277	3087	703	2384
湖北	231	28	203	2914	1209	1705
湖南	219	28	191	1912	752	1160
广东	466	179	287	18395	13587	4808
广西	256	50	206	5888	2195	3693
海南	184	39	145	1509	150	1359
重庆	215	20	195	1985	817	1168
四川	329	38	291	2549	737	1812
贵州	90	12	78	831	430	401
云南	406	39	367	4631	1176	3455
西藏	42	21	21	616	461	155
陕西	198	31	167	2501	497	2004
甘肃	98	20	78	1557	931	626
青海	25	8	17	238	148	90
宁夏	23	8	15	185	106	79
新疆	84	38	46	1658	1111	547

注：数据来源于国家统计局《中国统计年鉴2000》。

三、文化产业的雏形

在传统的计划经济体制下，我国普遍实行文化事业管理体制，把文化当作一项事业，由政府统包统揽，文化产业基本不存在。在国家改革开放的推动下，一方面，"以文养文"的收费服务模式部分开始在一些文化事业单位推行，虽然不改变文化事业单位原单位属性，但探索开展了文化产品的市场化收费，成为文化经营单位经费的有效补充。这一模式成为山西文化产业发展的最初形态，形成了计划体制和市场体制同时存在的特殊的双轨期。另一方面，由社会资本承包文化单位的经营场所，以文化企业为主体开展市场化经营，帮助文化事业单位提升经济收益。① 在 1985 年国家统计局提出的《关于建立第三产业统计的报告》中，文化艺术作为第三产业的一个组成部分被列入国民生产统计的项目，从而确定了文化艺术的商品属性和产业属性。② 随后，文化领域的市场化主要靠行政力量自上而下推动③，以试点为主的方式逐步展开，大众文化消费开始复苏，文化产品生产逐步规模化，形成了电影、书刊等专业市场，文化市场逐步扩大。但由于文化产业没有完全摆脱计划经济体制的束缚，行业条块分割、壁垒较高、产业投资主体单一化，文化市场规模小、内容单一，其产值占国民经济比重较小，文化还没有被赋予真正意义上"产业"的地位。

1992 年 6 月，《中共中央、国务院关于加快发展第三产业的决定》把文化行业纳入第三产业发展的重点，提出以产业化为方向，建立充满活力的第三产业自我发展机制，为文化产业的萌芽提供了合法存在与发展的空间。④1998 年，文化部文化产业司成立，标志着文化产业由民间自发发展阶段进入政府推动阶段⑤，开始从被动走向主动。随着文化需求日益增长，文化产业呈现出娱乐型、多样化、可参与性的发展特征。此时，虽然文化产

---

① 夏骗鹉 . 改革开放以来山西文化产业发展回顾与展望［J］. 前进，2019（1）：23-25，34.

② 范周，杨乔 . 改革开放四十年中国文化产业发展历程与成就［J］. 山东大学学报（哲学社会科学版），2018（4）：30-43.

③ 李文军，李巧明 . 改革开放 40 年我国文化产业发展历程及其取向［J］. 改革，2018（12）：54-64.

④ 庄德，蔡秋婷 . 中国特色社会主义文化产业发展历程研究［J］. 艺苑，2020（6）：92-94.

⑤ 范周，杨乔 . 改革开放四十年中国文化产业发展历程与成就［J］. 山东大学学报（哲学社会科学版），2018（4）：30-43.

品显得良莠不齐，但中国文化市场出现逐步繁荣的局面。社会资本、民营资本、外资在激活文化市场和发展文化产业方面发挥了重要作用，文化资本市场、文化中介市场等文化要素市场逐渐孕育和生长。

与此同时，文化事业成效显著，初步形成了公共文化服务体系，公共文化设施逐步完善，公共文化服务能力逐步提高。截至 1999 年底，山西共有艺术表演团体 159 个，文化馆 118 个，公共图书馆 121 个，博物馆 72 个，档案馆 130 个，广播电台 7 座，中、短波广播发射台和转播台 17 座，电视台 12 座，广播人口覆盖率 85.89%，电视人口覆盖率 89.43%。全省省级和地市级报纸共出版 69108.3 万份，各类杂志出版 152 种、2816.2 万份，图书出版 2214 种、印刷 15487.12 万册（张）（见表 3-6、表 3-7）。[①]

表 3-6　全国新闻出版事业机构和从业人员数（1999 年）

地区	书刊出版社		国家定点书刊印刷厂		书店	
	机构数（个）	从业人员（人）	机构数（个）	从业人员（人）	机构数（个）	从业人员（人）
中央	204	21082	38	17050	142	2971
北京	10	786	9	3891	199	3762
天津	12	1035	7	3676	118	2040
河北	7	631	16	7405	681	7767
山西	7	473	4	2310	448	3865
内蒙古	7	504	5	2370	304	3443
辽宁	17	1066	13	8317	246	5848
吉林	14	883	7	3304	209	4327
黑龙江	12	702	7	5048	252	4917
上海	35	3646	17	5866	238	4163

① 山西省统计局 . 山西省 1999 年国民经济和社会发展统计公报［R/OL］.（2009-12-31）［2023-03-20］. http://www.tjcn.org/tjgb/04sx/458.html.

续表

地区	书刊出版社		国家定点书刊印刷厂		书店	
	机构数（个）	从业人员（人）	机构数（个）	从业人员（人）	机构数（个）	从业人员（人）
江苏	16	1039	13	6153	958	9114
浙江	14	728	9	3173	510	4941
安徽	9	505	7	3271	611	4325
福建	10	605	6	2915	335	3781
江西	7	489	10	7282	369	4767
山东	16	1100	19	10718	1021	10380
河南	11	738	14	9091	1206	10807
湖北	14	1332	17	6576	637	7551
湖南	12	1006	13	6707	595	6488
广东	19	1333	16	5906	579	9046
广西	7	816	8	4544	331	4142
海南	3	245	2	638	64	1258
重庆	3	477	3	2109	232	3843
四川	17	1257	12	7013	792	8538
贵州	4	403	3	2190	490	2334
云南	8	482	4	2315	546	3768
西藏	2	78	2	455	70	213
陕西	15	1281	8	5447	444	4364
甘肃	5	367	6	3451	407	2634
青海	1	100	3	804	115	1280
宁夏	3	141	2	541	90	748
新疆	9	1060	4	1940	334	2334
总计	530	46390	304	152476	13573	149759

注：数据来源于国家统计局《中国统计年鉴 2000》。

表 3-7　全国文化艺术、文物事业单位数（1999 年）

地区	艺术表演团体	艺术表演场所	文化馆	公共图书馆	博物馆
北京	19	24	22	23	26
天津	15	32	18	31	15
河北	139	99	168	145	41
山西	159	51	118	121	72
内蒙古	117	31	104	108	22
辽宁	79	70	103	129	30
吉林	66	57	95	60	16
黑龙江	88	49	118	97	40
上海	29	44	43	32	11
江苏	132	138	107	101	84
浙江	80	97	84	83	69
安徽	93	105	102	83	35
福建	93	79	80	82	77
江西	79	63	101	104	84
山东	117	107	139	133	57
河南	206	167	193	133	70
湖北	101	77	129	102	94
湖南	88	93	124	115	63
广东	140	76	117	121	127
广西	119	29	98	194	38
海南	21	18	18	19	15
重庆	39	25	43	42	14
四川	99	96	171	129	47
贵州	28	13	85	89	6
云南	130	39	127	147	27
西藏	25	19	48	1	2
陕西	118	112	111	113	67

续表

地区	艺术表演团体	艺术表演场所	文化馆	公共图书馆	博物馆
甘肃	76	45	83	91	63
青海	14	2	42	38	12
宁夏	15	17	22	21	4
新疆	88	24	92	79	23

注：数据来源于国家统计局《中国统计年鉴 2000》。

第三节　转型发展期（2000—2009）

一、文化体制机制改革

2000 年，我国"十五"计划中提出了"深化文化体制改革"，并首次在政府文件中使用"文化产业"概念。[1] 这在我国文化产业发展史上具有标志性的意义。2002 年，党的十六大报告明确要"抓紧制定文化体制改革的总体方案"，在全国范围内加速了文化体制机制改革步伐。2004 年，中央政府工作报告提出："发挥市场机制作用，促进文化事业和文化产业共同发展。"[2] 2005 年，《中共中央、国务院关于深化文化体制改革的若干意见》进一步明确了文化体制改革的指导思想、原则要求和目标任务，指出要适应社会主义市场经济发展的要求，全面推进体制机制创新，解放和发展文化生产力，推进文化事业单位改革，深化文化企业改革，加快文化领域结构

---

① 高宏存.改革开放 40 年文化体制改革的主要成就与趋势展望［J］.行政管理改革，2018（12）：55-62.

② 李文军，李巧明.改革开放 40 年我国文化产业发展历程及其取向［J］.改革，2018（12）：54-64.

调整，培育现代文化市场体系，加强和改进文化领域宏观管理。党的十七大做出了兴起社会主义文化建设新高潮、推动社会主义文化大发展大繁荣的全面战略部署，对进一步深化文化体制改革提出了新的要求。2009 年，《文化产业振兴规划》的出台标志着文化产业已经上升为国家的战略性产业，我国文化产业经过多年的探索性发展，迎来一个历史性拐点，进入高速增长周期。

在国家政策的指引下，2003 年，山西省委、省政府出台了《山西省建设文化强省发展规划纲要（2003—2010）》，山西文化领域的体制机制改革全面展开。2009 年，结合山西实际情况，山西省委、省政府出台了《关于深化文化体制改革的实施意见》，强力推进文化体制改革。随着改革的不断深化，山西省文化强省战略稳步实施，文化体制改革成效明显，市场主体不断涌现，私营企业占比显著提高，企业实力快速提升；文化产业增速明显加快，产业规模不断扩大，逐步成为山西经济增长的动力之一。"十一五"期间，山西文化及相关产业实现增加值由 2005 年的 106 亿元增长到 2009 年的 229.2 亿元，实现了翻番，年平均增长达 21%，超过同期地区生产总值的增长速度，文化产业增加值占地区生产总值的比重从 2005 年的 2.5% 上升到 2009 年的 3.1%。

随着改革的深化，我国文化事业取得快速发展，新闻出版、广播影视和文学艺术事业等日益繁荣。2009 年，全国各地区文化事业机构数量中，山西在艺术表演团体、艺术表演场馆、博物馆、公共图书馆、省级地市级文化馆、县市级文化馆、乡镇（街道）文化站、中等艺术学校等多项数据中，均排在全国前列（见表 3-8）。

表 3-8　全国 2009 年各地区文化事业机构数量（单位：个）

地区	艺术表演团体	艺术表演场馆	博物馆	公共图书馆	省级、地市级文化馆	县市级文化馆	乡镇（街道）文化站	中等艺术学校
北京	18	72	40	24	1	19	312	1
天津	29	39	18	31	1	18	237	

续表

地区	艺术表演团体	艺术表演场馆	博物馆	公共图书馆	省级、地市级文化馆	县市级文化馆	乡镇（街道）文化站	中等艺术学校
河北	246	102	64	164	13	164	2088	4
山西	267	83	86	126	12	119	1398	12
内蒙古	120	28	46	113	13	102	905	3
辽宁	245	60	61	128	17	105	1412	6
吉林	68	33	71	66	13	63	888	
黑龙江	90	44	71	100	17	129	1081	6
上海	77	104	29	29	1	28	213	1
江苏	359	189	182	109	13	104	1330	8
浙江	435	239	100	96	12	88	1513	4
安徽	1172	79	68	89	15	105	1360	5
福建	373	59	93	85	10	84	1093	9
江西	103	55	103	108	12	103	1719	2
山东	118	82	111	150	18	140	1867	5
河南	413	161	103	142	18	184	2264	11
湖北	196	70	116	107	13	99	1257	4
湖南	110	67	75	120	15	125	2403	4
广东	344	144	160	133	22	123	1594	5
广西	135	24	62	100	15	99	1140	3
海南	59	9	15	20	3	18	211	1
重庆	160	42	37	43	1	40	994	1
四川	332	96	89	156	22	181	4019	1
贵州	61	9	53	93	8	87	1419	
云南	146	34	113	150	13	135	1365	
西藏	29	22	2	4	7	49	239	
陕西	123	100	101	112	10	110	1681	6

续表

地区	艺术表演团体	艺术表演场馆	博物馆	公共图书馆	省级、地市级文化馆	县市级文化馆	乡镇（街道）文化站	中等艺术学校
甘肃	81	30	91	93	16	85	1195	
青海	30	21	18	44	8	43	243	1
宁夏	47	16	6	20	7	19	224	1
新疆	136	21	63	94	15	94	1072	3

注：数据来源于国家统计局《中国统计年鉴 2010》。

二、文化旅游融合转型

进入 21 世纪，我国国民收入显著提高，旅游消费在居民消费中的比重越来越大。随着人们休闲时间的增多，特别是春节、五一、十一长假制度的实施，人们利用长假，纷纷出游，大部分传统旅游景区人如潮涌，假日旅游消费形成热潮，释放出巨大的消费力，带动旅游市场井喷式发展，为山西旅游转型发展带来了新机遇。

加快旅游产业发展成为深入推进结构调整、培育发展后续支柱产业的迫切需要。2001 年 2 月，山西省第九届人民代表大会第四次会议通过了《山西省国民经济和社会发展第十个五年计划纲要》，再次将旅游业列为"十五"期间的"八大战略工程"之一。2001 年，山西省委、省政府推出了"1311"工程，特别提出第三产业重点扶持发展云冈石窟、恒山、五台山、芦芽山、晋祠、平遥古城、绵山、壶口瀑布、关帝庙、鹳雀楼等十个旅游景区，培育古建佛教文化、晋商民俗文化和华夏根祖文化三大品牌。2004 年 8 月，山西省经济结构调整会议提出，建设新型能源和工业基地，把发展旅游文化产业和现代服务业作为经济结构调整中重点扶持的七大优势产业之一。2005 年 5 月，专门为了促进山西旅游产业发展的地方性法规——《山西省促进旅游产业发展条例》正式发布。2006 年，《山西省国民经济和社会发展第十一个五年（2006—2010）规划纲要》将旅游业确定为大力培育的四个新支柱产业之一，确立了把山西打造成中西部旅游经济强省的发展目标。2008年，山西再次吹响了旅游大发展的进军号，定位为文化旅游大省，与煤炭经济大省、绿色转型大省并列，提出积极推进文化搭台、旅游唱戏，实现文化与旅游产业互动发展，打造宗教古建、晋商文化、寻根祭祖、沿黄风情、太行风光、红色经典等旅游精品，将深厚的文化底蕴融入旅游业发展中，变资源优势为产业优势、竞争优势。

　　从2000年到2009年，山西旅游总收入由81.4亿元增长到892.5亿元，增长幅度达10倍之多，旅游总收入占地区生产总值比重由4.41%上升到12.13%，呈稳步增长趋势（见表3-9）。

表3-9　山西主要年份旅游收入占地区生产总值比重

年份（年）	地区生产总值（亿元）	旅游总收入（亿元）	旅游总收入占比
2000	1845.7	81.4	4.41%
2001	2029.5	100.4	4.95%
2002	2324.8	126.5	5.44%
2003	2855.2	101.5	3.55%
2004	3571.4	199.8	5.59%
2005	4230.5	292.0	6.90%
2006	4878.6	428.4	8.78%
2007	6024.5	581.6	9.65%
2008	7315.4	739.3	10.11%
2009	7358.3	892.5	12.13%

　　注：数据来源于山西统计局《山西统计年鉴2010》。

　　从国内旅游收入来看，山西国内旅游收入在2000—2004年，排名一直在第22名左右。从2004年开始，由于政策的发力，国内旅游收入和排名均快速增长（见表3-10）。旅游总收入也呈现了这一特点，从2004年的199.8亿元增长到2009年的892.5亿元。

表 3-10　山西主要年份国内旅游收入

年份（年）	国内旅游收入（亿元）	排名	年份（年）	国内旅游收入（亿元）	排名
2000	77.2	22	2005	281.9	19
2001	95.5	22	2006	414.8	16
2002	120.3	22	2007	563.7	14
2003	98.5	24	2008	721.3	13
2004	193.0	22	2009	845.8	15

注：数据来源于山西统计局《山西统计年鉴 2010》。

第四节　快速增长期（2010—2020）

一、战略发展规划更加明确

受煤炭价格下滑、市场需求不旺、传统产业产能过剩等影响，山西经济下行压力加大。其中，2014 年山西地区生产总值为 1.27 万亿元，同比增长 4.9%，增速垫底全国。2015 年，山西地区生产总值 12802.58 亿元，比上年增长 3.1%，还不到全国平均水平 6.9% 的一半。面对复杂严峻的形势，山西亟须产业结构调整和转变，推动经济增长方式由外延的粗放式向内涵的集约式转变。为了支持山西转型发展，2017 年，国务院发布《国务院关于支持山西省进一步深化改革促进资源型经济转型发展的意见》（简称《意见》），明确提出积极推进全域旅游示范区建设，推动文化旅游融合发展，打造文化旅游支柱产业，支持有条件的市县创建国家级旅游业改革创新先行区。《意见》为山西文化旅游业注入了强心剂，提供了战略指导和有力支撑。

山西积极探索转型升级、创新驱动发展道路。2017 年，山西省政府提出大力推动文化旅游融合发展，将文化旅游业加快培育成为山西省战略性支柱产业，努力实现由文化旅游资源大省向文化旅游强省的跨越，把山西建成国内一流、国际知名的旅游地。围绕该目标，山西省政府制定了做好黄河、长城、太行三篇旅游大文章的整体思路举措：在继续做优五台山、云冈石窟、平遥古城三大旅游品牌的同时，"锻造黄河、长城、太行旅游新品牌，开创文化旅游融合创新大格局"，以三大板块为支撑，大力发展具有山西特色的文旅融合，以文旅深度融合促进全域旅游，着力推动文化资源与旅游资源、文化功能与旅游功能、文化业态与旅游业态、文化消费与旅游消费全方位深度融合，推进山西旅游全域化发展。①

二、文旅融合成果开始显现

山西省大力推进文旅部门机构改革重组，2018 年将省文化厅和省旅游发展委员会的职责进行有机整合，山西省文化和旅游厅正式挂牌成立，从组织架构上统筹推进文化旅游业的发展，极大地推动了文旅产业的深度融合。根据文旅产业发展战略部署，山西组建了全省唯一的以文化旅游为主业的省属国有大型企业——山西省文化旅游投资控股集团，并组建黄河、长城、太行三大旅游板块平台公司，挂牌成立了山西黄河人家、长城人家、太行人家品牌管理公司，推进旅游企业公司化、市场化、产业化合作，大力引导各类社会资本进入文化和旅游产业，文旅市场主体不断壮大。截至 2020 年 12 月底，山西省共有国家级文化产业示范基地 9 家，省级文化产业示范基地 41 家，省属文化旅游企业集团 7 家，文化创意企业 243 家，新三板挂牌文化企业 5 家。全省涉旅企业达 2.4 万家，A

① 栗美霞. 山西省：旅游业要做经济转型发展新支柱［EB/OL］.（2018-01-20）［2023-03-22］. http://travel.china.com.cn/txt/2018-01/20/content_50254785.htm.

级以上景区 237 家，星级饭店 234 家，旅行社 939 家，持证导游 1.9 万余名。[①]

随着文旅融合项目不断丰富，山西积极推进"文艺进景区"，推出了《再回相府》《又见平遥》《又见五台山》《如梦晋阳》《太行山上》《古堡古堡》《寻梦莲花湾》等一系列旅游演艺剧目，丰富了旅游内容，提高了旅游综合效益。传统戏剧、民俗活动等非物质文化遗产以各种形式走进景区，涌现出研学旅游、会展旅游等各种新业态，形成了世界遗产游、古建宗教游、晋商民俗游、寻根觅祖游、太行山水游、红色经典游、黄河风情游、吕梁风光游等八条精品线路。旅游景区重要基础设施和公共服务设施建设力度持续加大，旅游信息化、智能化、现代化水平明显提升。

三、文化旅游实现快速增长

山西文旅产业规模持续稳定增长，实现高速、高质量发展。据国家统计局统计，2010 年山西省文化产业实现增加值 287.4 亿元，比上年增长 25.4%，占地区生产总值比重为 3.12%，文化产业增速高于全国和山西省地区生产总值增速。[②] 2011 年，山西文化体制改革重点任务全面完成，共有 488 家文化单位完成改革任务，核销事业编制 15000 余个，120 家出版发行单位、154 家电影发行放映和电视剧制作单位完成转企改革，163 家文艺院团全部完成改革。[③] 山西广播电视传媒集团、山西影视集团、山西日报传媒

① 山西省文化和旅游厅办公室关于印发山西省"十四五"文化和旅游产业融合发展规划的通知［EB/OL］.（2022-01-24）［2023-03-26］. https://wlt.shanxi.gov.cn/xwzx/tzgg/202201/t20220124_4629760.shtml.

② 文化体制改革在山西：文化产业渐成新经济增长极［EB/OL］.（2012-02-09）［2023-03-23］. https://www.gov.cn/govweb/gzdt/2012-02/09/content_2062154.htm.

③ 夏骈鹏. 改革开放以来山西文化产业发展回顾与展望［J］. 前进，2019（1）：23-25，34.

集团、山西广电信息网络集团、山西演艺集团等五大省属文化集团正式挂牌，涵盖了传媒、影视、报业、网络、演艺等领域，标志着山西省文化产业驶入专业化、集约化、规模化发展的快车道，有力地改变了山西国有文化单位市场主体缺失、发展活力不足的状况。2010 年，山西旅游总收入突破 1000 亿元。2011 年，山西旅游总收入为 1342.59 亿元。2012 年，云冈石窟综合治理全面改善，《印象平遥》等大型实景演出项目知名度不断扩大，全省旅游总收入达到 1813.01 亿元，比上年增长 35.0%。2013 年，山西文化产业增加值达到 420 亿元，旅游总收入为 2305.44 亿元，比上年增长 27.2%。2014 年，为加快文化旅游等服务业发展，山西实施了服务业发展"1511"工程，旅游总收入增长到 2846.51 亿元，比上年增长 23.5%。2015 年，山西旅游总收入为 3447.50 亿元，比上年增长 21.1%；服务业占地区生产总值比重为 53%。2016 年，山西旅游总收入为 4247.12 亿元，比上年增长 23.2%。2017 年，山西旅游总收入为 5360.21 亿元，比上年增长 26.2%。2018 年，山西旅游总收入为 6728.70 亿元，比上年增长 25.5%；服务业占地区生产总值比重达到 53.4%，连续 4 年保持在 50% 以上，成为经济平稳增长的压舱石。2019 年，黄河、长城、太行三大旅游板块建设取得良好开局，全省旅游总收入达 8026.92 亿元，比上年增长 19.3%。2020 年，山西旅游总收入为 2920.08 亿元，国内旅游收入为 2919.71 亿元，旅游外汇收入为 605 万美元（见表 3-11）。

表 3-11　2010—2020 年山西旅游收入

年份 （年）	旅游总收入 （亿元）	排名	国内旅游收入 （亿元）	排名	旅游外汇收入 （万美元）	排名
2010	1083.71	15	1052.30	16	46460	20
2011	1342.59	15	1305.10	16	56720	20
2012	1813.01	16	1766.28	16	72024	20
2013	2305.44	15	2253.65	14	82268	20

续表

年份 （年）	旅游总收入 （亿元）	排名	国内旅游收入 （亿元）	排名	旅游外汇收入 （万美元）	排名
2014	2846.51	14	2829.29	14	28073	18
2015	3447.50	14	3428.91	14	29710	25
2016	4247.12	14	4227.97	14	31738	25
2017	5360.21	15	5338.61	15	35014	26
2018	6728.70	16	6699.46	15	37798	26
2019	8026.92	14	7999.35	14	40995	26
2020	2920.08	17	2919.71	—	605	—

注：数据来源于山西统计局《山西统计年鉴2021》。

山西文旅进一步提质升级，A级景区数量达到新高。截至2020年，山西149个重点旅游景区基本完成以"两权分离"为主的体制机制改革。[①] 2020年，文化和旅游部确定了44家景区为5A级景区，至此，我国5A级景区数量达到306家（见表3-12）。其中江苏以25家的总量排名第一，山西为9家，分别为长治市壶关县太行山八泉峡景区（2020年）、山西省临汾市云丘山景区（2020年）、临汾市洪洞县洪洞大槐树寻根祭祖园旅游景区（2018年）、忻州市雁门关景区（2017年）、晋中市平遥古城景区（2015年）、晋中市介休绵山景区（2013年）、晋城市皇城相府生态文化旅游区（2011年）、忻州市五台山风景名胜区（2007年）、大同市云冈石窟（2007年）。此外，截至2020年底，山西省拥有A级景区237家，在全国居于前列。

---

① 山西省文化和旅游厅办公室关于印发山西省"十四五"文化和旅游产业融合发展规划的通知［EB/OL］.（2022-01-24）［2023-03-26］. https://wlt.shanxi.gov.cn/xwzx/tzgg/202201/t20220124_4629760.shtml.

表 3-12　2020 年全国 5A 级景区数量及排名情况

地区	数量	排名	地区	数量	排名
江苏	25	1	山西	9	9
浙江	19	2	云南	9	9
河南	14	3	吉林	7	10
四川	15	4	广西	8	10
新疆	14	4	贵州	8	10
江西	13	5	内蒙古	6	11
山东	13	5	辽宁	6	11
湖北	13	5	黑龙江	6	11
安徽	12	6	海南	6	11
河北	11	7	甘肃	6	12
陕西	11	7	西藏	5	13
福建	10	8	宁夏	4	14
湖南	10	8	上海	3	15
重庆	10	8	青海	4	14
北京	8	9	天津	2	16
广东	15	4			

第四章　山西文旅市场状况调查

需求作为产业市场的重要构成，既影响着文旅融合的方向，又是反映融合效果的核心依据。随着文化旅游产业化、市场化进程的加速，更好地理解和满足市场需求对于产业融合来说至关重要。通过市场调查，能够获得翔实的第一手数据，合理评估山西文旅形象以及市场消费满意状况，有利于从市场需求端入手，进一步明晰深化文旅融合的着力点，对提升山西文化旅游市场吸引力具有重要的现实意义。

第一节　山西文化旅游形象

旅游形象是旅游者对旅游地持有的感知、信念或印象的总和。[1] 随着我国民众生活水平的提高，文化旅游发展迅速。文化旅游形象成为影响游客吸引力的核心因素。[2] 塑造良好的旅游形象对于山西促进文化旅游产业发展有着重要的现实意义。

---

[1] CROMPTON J L.An assessment of the image of Mexico as a vacation destination and the influence of geographical location upon that image [J] .Journal of travel research, 1979, 17（4）: 18-23.

[2] ECHTNER C M, RITCHIE J R B.The measurement of destination image: an empirical assessment [J] .Journal of travel research, 1993, 31（4）: 3-13.

一、形象感知构成

旅游形象感知日益成为国内外研究的热点问题，众多学者围绕旅游形象感知测量展开了大量研究。约翰·D. 亨特（John D. Hunt）在 1975年提出目的地感知形象是外界作用于人脑所形成的意识[①]，研究表明，其具有复杂性、多重性、主观性和动态性等四大特征[②]。西摩·巴洛格鲁（Seyhmus Baloglu）和肯·W. 麦克利里（Ken W. Mc Cleary）将旅游形象分为认知形象、情感形象和整体形象三个部分。[③] 认知形象是游客对旅游目的地功能和属性的信念和认识，情感形象则是游客对旅游目的地形象属性的情感反应，二者共同构成了旅游目的地整体形象。"认知形象—情感形象—整体形象"所构成的旅游形象三维模型（见图 4-1）得到了学界的普遍认同。

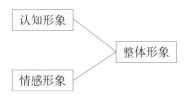

图 4-1　旅游形象三维模型

二、形象感知调查设计与实施

关于旅游形象测量，西摩·巴洛格鲁和肯·W. 麦克利里在 1999 年

① HUNT J D.Image as a factor in tourism development［J］.Journal of travel research，1975，13（3）：1-7.

② GALLARZA M G，SAURA I G，GARCIA H C.Destination image：toward a conceptual framework［J］.Annals of tourism research，2002，29（1）：56-78.

③ BALOGLU S，MCCLEARY K W.A model of destination image formation［J］. Annals of tourism research，1999，26（4）：868-897.

为验证认知形象、情感形象、整体形象三者间的关系路径，制定了包含三个维度的测量量表①，其中涉及文化历史认知形象测量的有"历史吸引力"和"文化吸引力"两个指标。2003 年，亚松森·比尔利（Asunción Beerli）和何塞法·D. 马丁（Josefa D. Martín）在对西班牙旅游市场的调查中，丰富和完善了观测变量，增加了博物馆、纪念碑等内容。②为了对山西文化旅游形象感知展开实证研究，在遵循前人关于旅游形象测量理论的基础上，充分考虑文化旅游所具有的突出的文化属性，同时结合山西文化旅游发展实际，本研究进一步完善了文化旅游形象感知测量量表，删减了海滩等测量内容，增设了文化、古建、文物、节庆等评测项目，构建了由认知形象、情感形象和整体形象三个维度，23 个观测变量所组成的文化旅游形象感知测量量表。认知形象以自然资源、历史文化、环境卫生、基础设施为测量内容，包括资源丰富程度、风景秀丽程度、历史悠久度、文化积淀、文物数量、历史建筑、节庆活动、风俗习惯、美食、工艺品、空气质量、景区卫生、交通状况、住宿品质、治安条件、购物便利性、物价水平、娱乐活动等 18 个观测变量；情感形象以情感氛围为测量内容，包括市场名气、热情友善程度、愉悦轻松程度、文化气息等 4 个观测变量；设置整体形象评价观测变量 1 项。

基于测量量表，本研究通过问卷调查的方式进行数据收集。调查涉及全国 28 个省、自治区、直辖市。在调查对象中，性别方面，男性占 38.7%，女性占 61.3%；年龄结构方面，20 岁及其以下占 30.5%，21—40 岁占 58.1%，41—60 岁占 10.2%，61 岁及其以上占 1.2%；学历构成方面，

① BALOGLU S, MCCLEARY K W. A model of destination image formation [J]. Annals of tourism research, 1999, 26（4）: 868-897.
② BEERLI A, MARTÍN J D.Tourists characteristics and the perceived image of tourist destinations: a quantitative analysis—a case study of Lanzarote, Spain [J].Tourism management, 2004, 25（5）: 623-636.

高中及其以下占 13%，大专及本科占 80.4%，硕士及其以上占 6.6%；收入
状况方面，3000 元以下 / 月占 60.7%，3000 元以上 / 月占 39.3%；婚姻状
况方面，未婚 76.1%，已婚 23.9%；山西人比例为 40.1%，非山西人比例为
59.9%。调查内容主要针对文化旅游形象感知测量量表设置了 23 个调查问
题，答案选项以李克特五级量表编码，1 表示非常差，2 表示较差，3 表示
一般，4 表示较好，5 表示非常好。为了获得更加全面的信息，进一步比较
现实游客与潜在游客间文化旅游形象感知的差异性，相较于现有研究主要
以现实游客为调查对象，本次调查扩大了数据范围，将数据来源扩展至潜
在游客。

三、调查结果

1. 山西文化旅游形象状况

可靠性分析显示，文化旅游形象 23 个题项的克隆巴赫阿尔法系数
（Cronbach's Alpha Coefficient，简写为 α 系数）为 0.976，大于 0.7，说明指
标的内部一致性可接受，问卷具有较高信度。将答案选项中非常差、较差、
一般、较好、非常好分别赋值 1 分、2 分、3 分、4 分、5 分。统计评价结
果显示（见表 4-1），认知形象得分为 3.79 分，其中历史文化形象得分最高
（3.93 分），其后依次为自然资源形象（3.85 分）、基础设施形象（3.70 分），
环境卫生形象得分最低（3.46 分）；情感形象得分为 3.79 分；整体形象得
分为 3.73 分，介于一般到较好之间。

认知形象与情感形象观测变量评价由高到低依次为：历史悠久度、文
化积淀、文物数量、历史建筑、文化气息、资源丰富程度、美食、治安条
件、购物便利性、风景秀丽程度、风俗习惯、热情友善程度、愉悦轻松程
度、工艺品、交通状况、节庆活动、物价水平、娱乐活动、市场名气、住
宿品质、景区卫生、空气质量。

表 4-1 山西文化旅游形象评价得分

一级指标	均值（分）	二级指标	均值（分）	观测变量	均值（分）	α 系数
认知形象	3.79	自然资源	3.85	资源丰富程度	3.91	0.976
				风景秀丽程度	3.78	
		历史文化	3.93	历史悠久度	4.24	
				文化积淀	4.15	
				文物数量	4.06	
				历史建筑	4.05	
				节庆活动	3.67	
				风俗习惯	3.77	
				美食	3.80	
				工艺品	3.70	
		环境卫生	3.46	空气质量	3.40	
				景区卫生	3.52	
		基础设施	3.70	交通状况	3.68	
				住宿品质	3.60	
				治安条件	3.80	
				购物便利性	3.79	
				物价水平	3.67	
				娱乐活动	3.65	
情感形象	3.79	情绪氛围	3.79	市场名气	3.63	
				热情友善程度	3.77	
				愉悦轻松程度	3.77	
				文化气息	3.98	
整体形象				整体评价	3.73	

　　为了进一步了解现实游客与潜在游客对山西文化旅游形象感知是否存在差异性，本研究使用独立样本 t 检验，以变量"是否去过山西旅游"为分组变量，以旅游形象感知测量变量为检验变量。结果显示（见表4-2），23 项观测变量中有 8 项存在显著性差异，具体分别是历史悠久度（$P=0.007$）、文化积淀（$P=0.002$）、文物数量（$P=0.021$）、历史建筑（$P=0.006$）、美食（$P=0.049$）、治安条件（$P=0.036$）、购物便利性（$P=0.025$）、文化气息（$P=0.01$）。并且，现实游客对以上各项评价均高于潜在游客评价。

表 4-2　独立样本 t 检验

观测变量	假设	方差方程的 Levene 检验		均值方程的 t 检验						
		F 值	显著性	t 值	自由度	显著性（双侧）	均值差值	标准误差值	差分的 95% 置信区间	
									下限	上限
历史悠久度	假设方差相等	0.066	0.797	2.71	497	0.007	0.264	0.097	0.073	0.456
	假设方差不相等			2.749	418.41	0.006	0.264	0.096	0.075	0.453
文化积淀	假设方差相等	0.077	0.782	3.166	497	0.002	0.314	0.099	0.119	0.509
	假设方差不相等			3.192	410.3	0.002	0.314	0.098	0.121	0.507
文物数量	假设方差相等	0.071	0.79	2.311	497	0.021	0.225	0.097	0.034	0.416
	假设方差不相等			2.324	407.44	0.021	0.225	0.097	0.035	0.415
历史建筑	假设方差相等	0.034	0.854	2.762	497	0.006	0.263	0.095	0.076	0.449
	假设方差不相等			2.801	417.97	0.005	0.263	0.094	0.078	0.447

续表

观测变量	假设	方差方程的 Levene 检验		均值方程的 t 检验						
		F 值	显著性	t 值	自由度	显著性（双侧）	均值差值	标准误差值	差分的 95% 置信区间	
									下限	上限
美食	假设方差相等	0.207	0.649	1.974	497	0.049	0.198	0.1	0.001	0.395
	假设方差不相等			2.017	427.62	0.044	0.198	0.098	0.005	0.391
治安条件	假设方差相等	0.135	0.713	2.103	497	0.036	0.201	0.096	0.013	0.389
	假设方差不相等			2.108	403.01	0.036	0.201	0.096	0.014	0.389
购物便利性	假设方差相等	0.04	0.841	2.25	497	0.025	0.211	0.094	0.027	0.395
	假设方差不相等			2.26	405.78	0.024	0.211	0.093	0.027	0.394
文化气息	假设方差相等	0.043	0.836	2.601	497	0.01	0.243	0.093	0.059	0.426
	假设方差不相等			2.636	417.3	0.009	0.243	0.092	0.062	0.424

2. 影响因素分析

因子分析是一种将多个实测变量转化为少数几个不相关的综合指标的统计分析方法。本研究运用探索性因子分析通过对感知形象和情感形象的22项观测变量降维，提取文化旅游整体形象感知的影响因子；通过影响因子与整体形象间的回归分析，测量影响因子对整体形象的影响程度。通过对认知形象与情感形象评价结果做效度分析，KMO（取样适切性量数，Kaiser-Meyer-Olkin）和巴特利特球形度检验（Bartlett's Test of Sphericity）结果显示，KMO 值为 0.963，大于 0.8，巴特利特球形度检验 Sig 值为0.000，小于 0.05，达到显著性水平，适合做因子分析。

采用主成分分析法，以特征值＞1为标准提取因子，提取出两个公因子，分别为因子1、因子2，累计方差贡献率为75.436%（见表4-3）。以最大方差法进行正交旋转，形成旋转后的成分矩阵（见表4-4）。由旋转成分矩阵可以看出，在因子1中，美食、工艺品、空气质量、景区卫生、交通状况、住宿品质、治安条件、购物便利性、物价水平、娱乐活动、市场名气、热情友善程度、愉悦轻松程度等13项观测变量具有较高的因子载荷。以上变量反映了山西文化旅游所具有的后天性旅游环境开发建设因素，故命名为后天性建设因子。在因子2中，资源丰富程度、风景秀丽程度、历史悠久度、文化积淀、文物数量、历史建筑、节庆活动、风俗习惯、文化气息等9项观测变量具有较高的因子载荷。以上变量反映了山西文化旅游所传承的先天性文化旅游资源禀赋，故命名为先天性禀赋因子。

表 4-3　总方差解释

成分	初始特征值			提取载荷平方和			旋转载荷平方和		
	合计	方差（%）	累积（%）	合计	方差（%）	累积（%）	合计	方差（%）	累积（%）
1	14.696	66.798	66.798	14.696	66.798	66.798	9.527	43.306	43.306
2	1.900	8.638	75.436	1.900	8.638	75.436	7.069	32.130	75.436
3	0.784	3.563	78.999						
4	0.597	2.712	81.711						
5	0.575	2.614	84.325						
6	0.515	2.340	86.666						
7	0.394	1.791	88.456						
8	0.304	1.383	89.839						
9	0.280	1.272	91.111						
10	0.251	1.139	92.250						
11	0.221	1.003	93.252						
12	0.194	0.882	94.135						

成分	初始特征值			提取载荷平方和			旋转载荷平方和		
	合计	方差（%）	累积（%）	合计	方差（%）	累积（%）	合计	方差（%）	累积（%）
13	0.183	0.833	94.968						
14	0.169	0.770	95.738						
15	0.162	0.736	96.474						
16	0.148	0.674	97.148						
17	0.132	0.599	97.747						
18	0.126	0.572	98.320						
19	0.113	0.514	98.834						
20	0.104	0.474	99.308						
21	0.083	0.375	99.684						
22	0.070	0.316	100.000						

注：提取方法为主成分分析法。

表 4-4　旋转后的成分矩阵[a]

观测变量	成分 1	成分 2	观测变量	成分 1	成分 2
资源丰富程度	0.461	0.677	景区卫生	0.813	0.283
风景秀丽程度	0.516	0.651	交通状况	0.833	0.286
历史悠久度	0.229	0.884	住宿品质	0.856	0.273
文化积淀	0.249	0.892	治安条件	0.780	0.399
文物数量	0.288	0.881	购物便利性	0.833	0.337
历史建筑	0.320	0.866	物价水平	0.823	0.289
节庆活动	0.550	0.622	娱乐活动	0.867	0.291
风俗习惯	0.550	0.621	市场名气	0.725	0.394
美食	0.622	0.511	热情友善程度	0.747	0.468
工艺品	0.668	0.472	愉悦轻松程度	0.742	0.490
空气质量	0.756	0.284	文化气息	0.537	0.674

注：提取方法为主成分分析法。旋转法：具有 Kaiser 标准化的正交旋转法。

a. 旋转在 3 次迭代后收敛。

将先天性禀赋因子、后天性建设因子作为解释变量，以整体形象作为因变量做线性回归（见表 4-5）。从结果分析来看，先天性禀赋因子、后天性建设因子这两个变量的显著性水平都小于 0.01，回归系数均为正数，说明因子对于整体形象均为显著性正向影响。其中，变量先天性禀赋因子回归系数为 0.146，变量后天性建设因子回归系数为 0.635，显然后天性建设因子对整体形象的影响程度更大。

表 4-5　回归分析系数[a]

模型		非标准化系数		标准系数	t 值	显著性
		β	标准误差	试用版		
1	（常量）	3.727	0.027		137.747	0.000
	后天性建设因子	0.505	0.027	0.635	18.642	0.000
	先天性禀赋因子	0.116	0.027	0.146	4.286	0.000

a. 因变量：整体评价。

3. 修正后 IPA 分析法

IPA 分析法是重要性 – 表现性分析法（Importance-Performance Analysis）的简称，1977 年由 J. A. 马提拉（J. A. Martilla）和 J. C. 詹姆斯（J. C. James）提出。1989 年，埃文斯（Evans）和肖恩（Chon）将该方法应用到了旅游目的地研究中。构建 IP 图，可以直观地展示旅游形象评测指标在重要性、表现性方面的差异，为有效进行状况分析、问题诊断及建议提出提供参考依据。但传统 IPA 分析法的假设前提是重要性与表现性两个维度上的变量相互独立并与受访者的总体感知呈线性相关，然而在现实调查中，受访者的评价一般为主观感受，其重要性评价和表现性评价很难成为互相独立的变量。故本研究采用邓维兆提出的修正后 IPA 分析法，以单项表现性评价与整体表现性评价之间的偏相关系数作为引申重要性得分。偏相关系数反映的两个变量之间的净相关有效满足了 IPA 分析法的前提假设，因此，修正后的 IPA 分析法更具有实际指导意义。

按照邓维兆提出的修正后 IPA 分析法，首先，将认知形象和情感形象中的观测变量评价结果作为表现性得分。其次，对以上观测变量取自然对数作为自变量，整体形象作为因变量，通过偏相关分析得出两者间的偏相关系数，由此获得引申重要性得分（见表 4-6）。

表 4-6　旅游形象表现性及引申重要性

序号	观测变量	表现性	引申重要性	序号	观测变量	表现性	引申重要性
1	资源丰富程度	3.91	0.311	12	景区卫生	3.52	0.542
2	风景秀丽程度	3.78	0.375	13	交通状况	3.68	0.472
3	历史悠久度	4.24	0.209	14	住宿品质	3.60	0.53
4	文化积淀	4.15	0.239	15	治安条件	3.80	0.471
5	文物数量	4.06	0.225	16	购物便利性	3.79	0.511
6	历史建筑	4.05	0.268	17	物价水平	3.67	0.495
7	节庆活动	3.67	0.398	18	娱乐活动	3.65	0.513
8	风俗习惯	3.77	0.369	19	市场名气	3.63	0.509
9	美食	3.80	0.388	20	热情友善程度	3.77	0.440
10	工艺品	3.70	0.414	21	愉悦轻松程度	3.77	0.490
11	空气质量	3.40	0.489	22	文化气息	3.98	0.361

以重要性为横坐标（I 轴），表现性为纵坐标（P 轴）构建 IP 图。通过计算，重要性均值为 0.41，表现性均值为 3.79，以此作为 IP 图中的交叉点坐标，沿交叉点画水平线和垂直线，形成四个象限。第 I 象限表示较高的重要性和较高的表现性，为继续保持区域；第 II 象限表示较低的重要性和较高的表现性，为额外资源区域；第 III 象限表示较低的重要性和较低的表现性，为次要发展区域；第 IV 象限表示较高的重要性和较低的表现性，为重点改进区域。将各观测变量按照表现性及重要性得分，逐一定位于 IP 图

中相应位置，如图 4-2 所示。

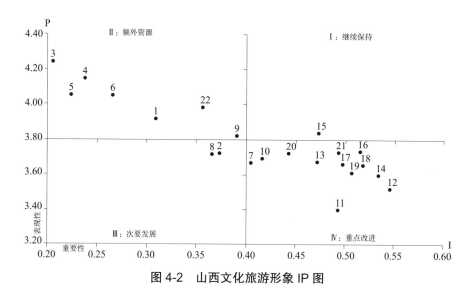

图 4-2　山西文化旅游形象 IP 图

　　定位结果显示，治安条件（15）评测指标定位于第Ⅰ象限，表明游客认为治安条件很重要，同时，山西文化旅游治安形象良好。7 项评测指标定位于第Ⅱ象限，分别是资源丰富程度（1）、历史悠久度（3）、文化积淀（4）、文物数量（5）、历史建筑（6）、美食（9）、文化气息（22）。几千年文明发展史沉淀出山西丰富的历史文化资源，使得以上各项具有较高的表现性，但目前在游客心目中其重要性较低。两项评测指标定位于第Ⅲ象限，分别是风景秀丽程度（2）和风俗习惯（8）。山西气候较为干燥且缺水，风俗习惯缺乏特色和挖掘是造成以上两项表现性较低的主要原因。12 项评测指标定位于第Ⅳ象限，分别是节庆活动（7）、工艺品（10）、空气质量（11）、景区卫生（12）、交通状况（13）、住宿品质（14）、购物便利性（16）、物价水平（17）、娱乐活动（18）、市场名气（19）、热情友善程度（20）、愉悦轻松程度（21）。游客认为以上各项重要性较高，但表现性不佳，由此进一步证明山西文化旅游在交通、住宿、购物等基础要素方面虽近年来大力投入建设，但仍令人不满意，拉低了旅游形象，减弱了游客的旅游意愿，成为山西文化旅游发展的制约因素。

四、结论

通过上述分析，可以看出山西文化旅游的认知形象、情感形象和整体形象处于一般与较好之间。现实游客与潜在游客对历史悠久度、文化积淀、文物数量、历史建筑等方面旅游形象的差异性评价说明，一方面，切身的旅游经历加深了现实游客对山西厚重的历史文化的认知；另一方面，由于潜在游客旅游形象感知的形成主要来自各种传播渠道，为了有效提升潜在游客的历史文化认知，我们在山西文化旅游形象传播过程中需进一步加强关于历史文化的宣传。

影响游客形象感知的因素主要来自先天禀赋和后天建设两个方面。先天性悠久而丰富的历史文化禀赋为山西文化旅游发展奠定了坚实的资源基础。虽然当下其重要性感知评价不高，但随着旅游消费升级和文化旅游进一步深化，游客在旅游过程中越来越注重精神体验，对具有丰富文化内涵的深度旅游需求将会明显增长。因此，山西应依托历史文化资源优势，继续巩固良好的历史文化旅游形象，打造山西文化旅游发展的核心竞争力。后天性旅游基础条件的开发建设是造成形象并不理想的主要原因，依据 IP 图分析结果，山西应着力围绕定位于第Ⅳ象限中的空气质量、景区卫生、住宿品质、市场名气、娱乐活动、节庆活动、交通状况、工艺品等方面采取措施，提升山西文化旅游形象。

第二节　文旅市场消费满意状况

游客满意度是指游客将旅游前形成的期望与旅游后的实际感知进行比较所产生的一种心理感受。后者大于前者，则满意；反之，则不满意。游客满意度成为评价游客体验的重要指标。

一、文旅融合对游客满意度的作用机理分析

文旅融合的目的在于更好地满足不断迭代更新的消费需求。一般来讲，随着经济发展水平的提高，居民消费会由物质消费为主转向精神文化消费为主。2018 年，中国的人均国民生产总值已达 64644 元（见《2018 年国民经济和社会发展统计公报》），中国居民精神文化消费进入快速增长期，同时消费需求呈现分化趋势。在消费升级的背景下，游客在旅游过程中越来越注重文化体验，对具有丰富文化内涵的深度旅游需求明显增长。文化元素的注入为旅游增加了附加值，有效提升了旅游的特色化、品质化水平，有助于提高游客满意度。

以消费者为视角，文旅融合主要包括资源融合、市场融合、功能融合、技术融合等四个方面。[①] 资源融合，即文化资源与旅游资源相融合，是文旅融合的基础。资源融合有效拓展了旅游的内涵和发展空间，有助于满足多元化旅游需求，提高游客对资源的满意度。市场融合是文旅融合的重要途径，影响着融合的方式和内容、深度和广度。市场融合可以推动资源的高效优化配置，激发出更多的新产品、新服务，从而扩大市场空间。功能融合，即休闲、娱乐等旅游功能与文化传播、获取知识等文化功能相融合。功能融合成为文化旅游区别于自然风光旅游等其他旅游形式的显著特征，也是满足游客需求的竞争优势。技术融合日益成为文化产业与旅游产业融合的驱动引擎。随着以互联网信息通信技术为代表的新技术的发展，技术融合所带来的改变不仅提升了企业主体技术效率、提高了旅游信息化水平、促进了文化资源的转化，而且进一步丰富和

---

① 麻学锋，张世兵，龙茂兴 . 旅游产业融合路径分析［J］. 经济地理，2010，30（4）：678-681.

增强了旅游体验，创新了文化旅游发展模式，为文旅融合开拓了新的发展空间。

综合以上分析，文旅融合对游客满意度的作用机理如图 4-3 所示。

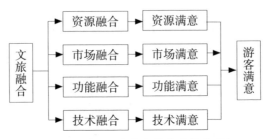

图 4-3　文旅融合对游客满意度的作用机理

二、满意状况调查设计与实施

本节以文旅融合路径为基础，构建文化旅游满意度评价体系，以山西晋商文化旅游为研究案例，在实地调查的基础上展开问卷调查，客观评测文化旅游满意状况。

问卷调查的内容由两个部分构成：第一部分为调查者的基本情况，包括性别、职业、学历和居住地等；第二部分为满意度评价，构建了包含资源满意度、市场满意度、功能满意度、技术满意度等 4 个一级指标以及 20 个二级指标的细分满意度测评指标体系（见表 4-7）。问卷调查采用李克特五级量表来测量二级指标，具体划分为非常满意、满意、一般、不满意、非常不满意等 5 个等级，对应的赋值分别为 5 分、4 分、3 分、2 分、1 分。其中，关于文化特色纪念品的满意程度以购买意愿来代替。同时，设置了 1 个整体满意度指标，用"是否会推荐亲朋好友来晋商文化旅游景点旅游"表示，选项设置为"推荐"和"不推荐"。

表 4-7　晋商文化旅游满意度测评指标体系

	一级指标	二级指标
游客满意度	资源满意度	对晋商文化旅游景区规模的满意程度
		对晋商文化旅游景区数量的满意程度
		对晋商文化旅游景区分布状况的满意程度
		对晋商文化旅游景区遗址开发的满意程度
		对晋商文化历史文物种类的满意程度
		对晋商文化历史文物数量的满意程度
		对晋商文化历史文物完整状况的满意程度
		对晋商文化历史文物保护状况的满意程度
		对晋商文化挖掘开发的满意程度
	市场满意度	对晋商文化特色纪念品的购买意愿
		对晋商文化特色纪念品种类的满意程度
		对晋商文化特色纪念品创意性的满意程度
		对晋商文化特色纪念品文化特色的满意程度
	功能满意度	对晋商旅游在促进晋商文化传播方面的满意程度
		对晋商文化传播在促进晋商旅游方面的满意程度
		对在晋商文化旅游中获得文化知识的满意程度
		对在晋商文化旅游中获得审美愉悦的满意程度
		对在晋商文化旅游中获得娱乐性的满意程度
	技术满意度	对晋商文化旅游服务中新技术应用的满意程度
		对应用新技术展示晋商文化的满意程度

　　晋商，源于山西，作为历史上的著名商帮，在其漫长的发展历程中，逐步形成了涵盖商贸、建筑等方面的晋商文化。晋商文化旅游是文化旅游的典型代表，故本调查以王家大院、平遥古城、榆次老城、乔家大院、常家庄园、晋商博物馆为调查地点，并于 2018 年 6 月至 7 月，以景点游客为调查对象实施了问卷调查，共发放问卷 300 份，回收有效问卷 295 份，问卷有效率为 98.3%。

三、调查结果

1. 满意程度

我们由数据统计结果可以清晰地看到，游客对晋商文化旅游的满意程度并不理想。一级指标中，资源满意度和功能满意度相对较高，而技术满意度和市场满意度相对较低，满意状况呈现出不平衡性。二级指标中，游客对获得文化知识和审美愉悦、文化旅游景区数量、历史文物完整状况和保护状况等方面表现出较高的满意度，而对新技术应用、旅游纪念品等方面的满意程度较低（见表 4-8）。

表 4-8　晋商文化旅游满意程度

一级指标	二级指标	平均值	平均值
资源满意度	对晋商文化旅游景区规模的满意程度	3.7007	3.6106
	对晋商文化旅游景区数量的满意程度	3.7430	
	对晋商文化旅游景区分布状况的满意程度	3.6438	
	对晋商文化旅游景区遗址开发的满意程度	3.4814	
	对晋商文化历史文物种类的满意程度	3.4403	
	对晋商文化历史文物数量的满意程度	3.5326	
	对晋商文化历史文物完整状况的满意程度	3.7372	
	对晋商文化历史文物保护状况的满意程度	3.7031	
	对晋商文化挖掘开发的满意程度	3.5137	
市场满意度	对晋商文化特色纪念品的购买意愿	2.9317	3.0455
	对晋商文化特色纪念品种类的满意程度	3.0748	
	对晋商文化特色纪念品创意性的满意程度	2.8912	
	对晋商文化特色纪念品文化特色的满意程度	3.2842	

续表

一级指标	二级指标	平均值	平均值
功能满意度	对晋商旅游在促进晋商文化传播方面的满意程度	3.4983	3.5605
	对晋商文化传播在促进晋商旅游方面的满意程度	3.5204	
	对在晋商文化旅游中获得文化知识的满意程度	3.7449	
	对在晋商文化旅游中获得审美愉悦的满意程度	3.7201	
	对在晋商文化旅游中获得娱乐性的满意程度	3.3186	
技术满意度	对晋商文化旅游服务中新技术应用的满意程度	3.1272	3.1140
	对应用新技术展示晋商文化的满意程度	3.1007	

2. 影响因素

（1）因子分析

因子分析是一种将多个实测变量转化为少数几个不相关的综合指标的统计分析方法。本研究使用 SPSS24 软件对细分满意度指标数据进行探索性因子分析。

① 信度及效度分析

问卷信度分析（见表 4-9），克隆巴赫阿尔法系数为 0.948，大于 0.8，问卷信度较高，内部一致性较好。

表 4-9 可靠性统计

克隆巴赫阿尔法系数	项数
0.948	20

问卷效度分析（见表 4-10），KMO 和巴特利特球形度检验结果显示，KMO 值为 0.937，大于 0.8，巴特利特球形度检验 Sig 值（显著性）为 0.000，小于 0.05，达到显著性水平，适合做因子分析。

表 4-10　KMO 和巴特利特球形度检验

KMO		0.937
巴特利特球形度检验	近似卡方	3978.60
	自由度	190
	显著性	0.000

②结果分析

采用主成分分析法，以特征值＞1 为标准提取因子，提取出 3 个公因子，分别为因子 1、因子 2、因子 3，累计方差贡献率为 64.263%（见表 4-11）。以最大方差法进行正交旋转，形成旋转后的成分矩阵（见表 4-12）。

表 4-11　总方差解释

成分	初始特征值			提取载荷平方和			旋转载荷平方和		
	总计	方差（%）	累积（%）	总计	方差（%）	累积（%）	总计	方差（%）	累积（%）
1	10.113	50.564	50.564	10.113	50.564	50.564	5.084	25.420	25.420
2	1.694	8.469	59.033	1.694	8.469	59.033	3.984	19.921	45.341
3	1.046	5.230	64.263	1.046	5.230	64.263	3.784	18.921	64.263
4	0.841	4.204	68.467						
5	0.831	4.156	72.623						
6	0.654	3.271	75.894						
7	0.619	3.093	78.987						
8	0.547	2.734	81.721						
9	0.461	2.306	84.027						
10	0.434	2.172	86.199						
11	0.412	2.061	88.259						

续表

成分	初始特征值			提取载荷平方和			旋转载荷平方和		
	总计	方差（%）	累积（%）	总计	方差（%）	累积（%）	总计	方差（%）	累积（%）
12	0.386	1.931	90.190						
13	0.347	1.734	91.925						
14	0.301	1.506	93.430						
15	0.273	1.366	94.796						
16	0.260	1.299	96.095						
17	0.227	1.136	97.231						
18	0.199	0.994	98.225						
19	0.183	0.913	99.137						
20	0.173	0.863	100.000						

注：提取方法为主成分分析法。

表 4-12　旋转后的成分矩阵[a]

二级指标	成分		
	1	2	3
对晋商文化旅游景区规模的满意程度	0.754	0.208	0.273
对晋商文化旅游景区数量的满意程度	0.787	0.216	0.128
对晋商文化旅游景区分布状况的满意程度	0.770	0.212	0.103
对晋商文化旅游景区遗址开发的满意程度	0.680	0.301	0.198
对晋商文化历史文物种类的满意程度	0.626	0.332	0.333
对晋商文化历史文物数量的满意程度	0.704	0.246	0.234
对晋商文化历史文物完整状况的满意程度	0.678	0.091	0.349
对晋商文化历史文物保护状况的满意程度	0.632	0.127	0.409
对晋商文化挖掘开发的满意程度	0.541	0.353	0.433
对晋商文化特色纪念品的购买意愿	0.317	0.677	0.068

续表

二级指标	成分		
	1	2	3
对晋商文化特色纪念品种类的满意程度	0.212	0.776	0.259
对晋商文化特色纪念品创意性的满意程度	0.169	0.832	0.225
对晋商文化特色纪念品文化特色的满意程度	0.236	0.706	0.333
对晋商旅游在促进晋商文化传播方面的满意程度	0.293	0.452	0.591
对晋商文化传播在促进晋商旅游方面的满意程度	0.397	0.425	0.572
对晋商文化旅游服务中新技术应用的满意程度	0.236	0.573	0.424
对应用新技术展示晋商文化的满意程度	0.260	0.513	0.568
对在晋商文化旅游中获得文化知识的满意程度	0.312	0.140	0.771
对在晋商文化旅游中获得审美愉悦的满意程度	0.232	0.218	0.797
对在晋商文化旅游中获得娱乐性的满意程度	0.233	0.382	0.598

注：提取方法为主成分分析法。旋转方法为凯撒正态化最大方差法。

a.旋转在 6 次迭代后已收敛。

在因子 1 中，对晋商文化旅游景区规模的满意程度、对晋商文化旅游景区数量的满意程度、对晋商文化旅游景区分布状况的满意程度、对晋商文化旅游景区遗址开发的满意程度、对晋商文化历史文物种类的满意程度、对晋商文化历史文物数量的满意程度、对晋商文化历史文物完整状况的满意程度、对晋商文化历史文物保护状况的满意程度、对晋商文化挖掘开发的满意程度等 9 项满意度指标具有较高的因子载荷。以上指标均反映了资源融合带来的消费满意程度，故命名为资源融合因子。

在因子 2 中，对晋商文化特色纪念品的购买意愿、对晋商文化特色纪念品种类的满意程度、对晋商文化特色纪念品创意性的满意程度、对晋商文化特色纪念品文化特色的满意程度、对晋商文化旅游服务中新技术应用的满意程度等 5 项满意度指标具有较高的因子载荷。以上指标均反映了市场融合带来的消费满意程度，故命名为产品融合因子。

在因子3中，对晋商旅游在促进晋商文化传播方面的满意程度、对晋商文化传播在促进晋商旅游方面的满意程度、对在晋商文化旅游中获得文化知识的满意程度、对在晋商文化旅游中获得审美愉悦的满意程度、对在晋商文化旅游中获得娱乐性的满意程度、对应用新技术展示晋商文化的满意程度等6项满意度指标具有较高的因子载荷。以上指标均反映了功能融合带来的消费满意程度，故命名为功能融合因子。

结果显示，3类主因子构成与问卷设计中的满意度测评指标体系资源融合、市场融合、功能融合3个维度较为吻合，但是缺失了技术融合维度。究其原因，在于技术融合维度下的晋商文化旅游服务中新技术应用最终将体现在文化旅游的产品和服务中，故归入市场融合因子中；而应用新技术展示晋商文化有利于更好地实现文化传播、教育功能，故归入功能融合因子中。这进一步论证和凸显了技术融合在产业融合中的手段、工具的作用。因子分析整体效果较好。

（2）回归分析

① 模型构建

根据因子分析结果，将资源融合因子、产品融合因子、功能融合因子作为解释变量。以文化旅游整体满意度测评指标——"是否愿意推荐"作为因变量，"愿意推荐"赋值为"1"，"不愿意推荐"赋值为"0"，构建二元 Logistic 回归模型：

$$\ln\left(\frac{P_i}{1-P_i}\right) = \alpha + \sum_{i=1}^{3} \beta_i X_i$$

其中，P_i 为向他人推荐晋商文化旅游的发生概率，α 为第 i 个因子，β_i 为相应的回归系数。采用强制进入法，进行二元 Logistic 回归分析。

② 二元 Logistic 回归分析

模型拟合情况较好，整体预测准确率为91.7%（见表4-13）。

表 4-13　分类表 [a]

实测			预测		
			推荐		正确（%）
			否	是	
步骤1	推荐	否	3	22	12.0
		是	1	252	99.6
	总体（%）				91.7

a. 分界值为 0.500。

从分析结果看（见表 4-14），资源融合因子、产品融合因子、功能融合因子 3 个变量的显著性水平均＜0.01，回归系数均为正数，说明 3 个因子对游客满意度均呈现显著性正向影响，影响程度从高到低依次为：资源融合因子，回归系数为 0.924；产品融合因子，回归系数为 0.813；功能融合因子，回归系数为 0.688。

表 4-14　方程中的变量

		B	标准误差	瓦尔德	自由度	显著性	Exp（B）
步骤1[a]	资源融合因子	0.924	0.253	13.343	1	0.000	2.520
	产品融合因子	0.813	0.251	10.531	1	0.001	2.255
	功能融合因子	0.688	0.241	8.151	1	0.004	1.990
	常量	2.935	0.325	81.380	1	0.000	18.815

a. 在步骤 1 输入的变量为资源融合因子、产品融合因子、功能融合因子。

四、结论

在晋商文化旅游中，资源融合状况是影响消费满意度的首要因素。晋商历史悠久，文化底蕴深厚。晋商大院数量众多且气派富丽，建筑风格、装饰等处处渗透和体现着晋商文化，具有很高的艺术价值。这些历史遗迹既是文化资源又是旅游资源，存在天然的融合性，是晋商文旅资源高度融合的集中体现，成为游客满意度的重要保障。与此同时，晋商文化旅游存在一些问题，旅游体验模式单一，仍旧停留于游客在大院等古建筑内游览、听导游讲解的传统模式；旅游互动活动缺乏，参与性、娱乐性不足；文化旅游衍生市场不丰富，产品同质化程度高，购买选择范围有限，游客的消费意愿低；旅游活动对文化传播等带动作用不明显，游客的文化旅游需求没有得到充分满足。

造成以上问题的根本原因在于晋商文旅融合仍处于较低层次。文化旅游开发对资源的依赖程度高，主要依托于大院、文物等传统物质文化资源；缺乏深层次市场开发，文化产品创意不足，晋商文化特色不明显；没有形成文化功能和旅游功能的良性互动。同时，在资源转化、产品开发、旅游便捷服务提供、文化内涵多形式展示、丰富文化旅游体验活动等方面，新技术应用非常有限。

第三节　社交媒体对旅游满意度的影响

随着移动互联网的广泛普及和更新迭代，以手机等终端设备为载体的移动社交媒体已经渗透人们生活的各个方面。在旅游领域，微博、微信、Vlog（视频网络日志，Video Blog）等社交媒体的使用给游客的旅游体验带来了深刻影响。旅游满意度作为衡量旅游体验的重要指标，在合理配置资源、指导旅游运营、塑造旅游形象等方面具有显著作用。因此，深入分析社交媒体的使用对游客满意度的影响，对于发挥社交媒体的效用，促进旅游发展具有现实意义。基于此，本节将探索社交媒体使用与游客满意度之间的关系，以期望差异理论为基础，以旅游偏好为中介变量，提出研究假设及作用模型，通过问卷调查的方式获得一手数据，展开实证研究。

　　社交媒体以 Web2.0 为理念和基础，使用户成为内容提供方，并与其他用户交流[①]，满足了用户的个性化需求，从根本上改变了旅行计划与消费方式。游客使用社交媒体贯穿于旅游的全过程，主要用于获取信息和分享体验。一方面，社交网络基于信任关系而形成，具有及时性强、可信度高的特点，因此，社交媒体已成为一种重要的旅游信息来源。游客通过社交媒体随时随地获取关于旅游目的地介绍、住宿、餐饮、购物、交通等各类信息和出游建议。社交媒体使用强度越高，信息依赖和决策影响越明显。[②]《中国互联网络发展状况统计报告》显示，2022 年 1 月至 5 月，仅仅微博旅游直播的累计观看次数较上年同期提升 230%。另一方面，游客通过社交媒体实时表达旅游感受已经成为一种时尚，是旅游过程中不可或缺的一个环节。特别是中青年群体常常通过社交媒体以文字、图片、视频的形式，展示旅游经历、分享旅游感受，寻求点赞与评论，实现与他人的互动。一项调查发现，78% 的用户会在旅行结束后使用社交媒体，向朋友及其他用户分享图片和旅游经历。[③]随着社交媒体对话语结构的改变，当游客的权益受到侵害时，社交媒体成为权益保护和情绪表达的重要选择。社交媒体的分享数量、评论状况以及所形成的网络口碑等足以为景区带来游客接待数量的变化。[④]

　　梳理社交媒体对游客旅游影响的相关研究发现，研究内容多聚焦社交媒体的使用对游客旅游前和旅游过程中旅游意愿和行为决策的影响，对于

① KAPLAN A M, HAENLEIN M.Users of the world, unite! the challenges and opportunities of social media [J].Business horizons, 2010, 53（1）: 59-68.

② 黄元豪，赖启福，林菲菲.社交媒体对游客旅游意向的影响：基于目的地形象感知的实证研究 [J].资源开发与市场，2018，34（9）: 1327-1331，1261.

③ FOTIS J N, BUHALIS D, ROSSIDES N.Social media use and impact during the holiday travel planning process [C] //Information and communication technologies in tourism 2012.Vienna: Springer, 2012: 13-24.

④ 赖胜强，唐雪梅，朱敏.网络口碑对游客旅游目的地选择的影响研究 [J].管理评论，2011，23（6）: 68-75.

旅游后游客满意状况的影响不够关注，特别是对于和游客满意度同属心理感受范畴的旅游偏好在其中所起的作用缺乏进一步探讨。

一、研究假设

1. 社交媒体的使用与游客满意度

游客通过社交媒体了解旅游目的地，有助于根据自身的旅游需求，合理安排旅游活动，优化自己的行程，做好充分的旅游准备，从而有效降低感知风险，更好地享受旅游过程。同时，游客在旅游过程中的社交互动有利于维系和亲属、朋友间的联系与感情，获得心理上的归属和情感满足。此外，社交媒体进一步丰富了旅游活动内容，即使旅游结束，游客的愉悦体验仍然在社交媒体所营造的时空中得以延续，在空间和时间上拓展了旅游体验的范围。据此，提出假设：

H1：社交媒体的使用对游客满意度产生正向影响。

亚伯拉罕·皮扎姆（Abraham Pizam）等学者在 20 世纪 70 年代指出，游客满意度是游客对目的地的期望和在目的地的体验相互比较的结果。[①] 若前者小于后者，则满意；反之，则不满意。其中，旅游期望是游客对旅游地的前导型整体认知和初步印象，具有明显的主观性和假设性，影响着对目的地的选择及评价。期望主要来自自身以往的旅游经历、亲人和朋友的意见以及旅游地相关营销信息。[②] 社交媒体的信息获取功能无疑是形成旅游期望的重要基础。感知价值是游客所获得的一系列旅游经历的总和，会因旅游目的地的不同而具有特殊性。当旅游行为付诸实施，游客就会依据自

---

① PIZAM A，NEUMANN Y，REICHEL A. Dimensions of tourist satisfaction with a destination area［J］. Annals of tourism research，1978，5（3）：314-322.

② 科特勒，阿姆斯特朗 . 科特勒市场营销教程［M］. 俞利军，译 . 1 版 . 北京：华夏出版社，2000.

身的体验结果对旅游目的地做出感知价值评价。[①] 旅游过程中美好时刻的记录、展示、分享直接体现了游客对旅游地的价值感知。此外，游客与社交平台运营方的在线互动能够帮助其更好地选择旅游景观、利用旅游设施、获得便捷的旅游服务，从而增强旅游感知实效。据此，提出以下假设：

H2：信息获取对旅游期望产生正向影响。

H3：体验分享对感知价值产生正向影响。

2. 旅游偏好的中介作用

旅游偏好反映了游客对各种旅游资源、产品、功能等的兴趣和消费意愿程度[②]，本质上是一种旅游态度。旅游偏好的形成除了受个人性格等内在因素的影响，还与从外界掌握的信息密切相关。游客使用社交媒体获取并处理旅游相关信息的过程就是旅游偏好动态变化的过程，旅游偏好与认知存在着现实关联，特别是他人具有倾向性的旅游体验分享与评论更容易诱发旅游偏好的形成。

旅游偏好是游客欲望或需求的外在表现，其存在使出游更具有目的性。例如，倾向于文化体验偏好的游客更加关注旅游资源的文化内涵，希望能够了解文化知识、感受文化魅力。因此，旅游偏好需求能否得到有效满足直接影响游客的满意程度。据此，提出以下假设：

H4：社交媒体的使用对旅游偏好产生正向影响。

H5：旅游偏好对游客满意度产生正向影响。

H6：旅游偏好在社交媒体的使用对游客满意度的影响中起部分中介作用。

基于以上假设，构建社交媒体的使用与游客满意度关系模型，如图4-4所示。

---

① 李晓. 期望差异理论模型在游客满意度研究中的应用探讨 [J]. 科技视界，2014（24）：143-144.

② 焦彦. 基于旅游者偏好和知觉风险的旅游者决策模型分析 [J]. 旅游学刊，2006（5）：42-47.

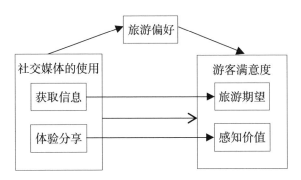

图 4-4　社交媒体的使用与游客满意度关系模型

二、实证研究

1. 变量说明与测量

在文献梳理的基础上参考成熟量表，确定各变量的测量指标，为问卷设计提供基础。

自变量：社交媒体的使用。根据获取信息和体验分享两个维度，共设置了 8 项指标，具体包括获取旅游信息的必要程度、所获信息对旅游决策的有用程度、所获旅游信息的可信程度、获取旅游信息的难易程度、展示旅游动态的意愿程度、旅途中分享旅游体验的意愿程度、旅游后分享旅游体验的意愿程度、参与他人旅游评论的意愿程度等。

中介变量：旅游偏好。旅游偏好既包括具体的旅游支持系统，也包括抽象的旅游要素。基于偏好对象的构成，围绕旅游资源、旅游设施及服务、旅游配套、旅游功能等四个方面构建了 15 项旅游偏好测量指标。

因变量：满意度。根据期望差异理论，因变量满意度由变量旅游期望、感知价值计算得出，公式为：满意度 = 感知价值 − 旅游期望。借鉴亚伯拉罕·皮扎姆的游客旅游满意度量表，针对旅游期望和感知价值的测量设置了包括自然景观资源、人文景观资源、景点规模、基础设施、服务质量、管理水平、餐饮、住宿、交通、购物、景观游览、休闲娱乐、受到文化熏陶、获得知识增长、身心得到放松等 15 项具体指标。

指标测量使用李克特五级量表，1 表示程度最低，2 表示程度较低，3 表示程度一般，4 表示程度较高，5 表示程度最高。

2. 数据收集与整理

采用问卷调查的方式获取一手数据，调查地点为山西五台山、平遥、藏山等旅游景区，调查对象为景区游客。

调查问卷主要分为两个部分：一是基本信息，包括被访者性别、年龄、职业、收入、学历以及对社交媒体的依赖程度；二是对变量中各指标的测量。调查共发放问卷 250 份，回收有效问卷 232 份，有效问卷率为 92.8%。在被调查者中，男性占 44.4%，女性占 55.6%。调查发现，认为自己对社交媒体"比较依赖"的占被调查者总人数的 44.0%，认为"非常依赖"的占12.1%，两者合计占到全部被调查人数的 56.1%。经常使用的社交媒体主要包括微信（96.5%）、QQ（55.0%）、微博（45.0%）、短视频类 APP（42.0%）等。

使用 SPSS 软件对数据进行处理，统计结果显示（见表 4-15），旅游期望平均值为 4.08，感知价值平均值为 3.72，满意度平均值为 –0.36，整体而言，游客的满意度并不高。

表 4-15　旅游期望、感知价值及满意度状况

指标	旅游期望均值	感知价值均值	满意度均值
自然景观资源	4.26	3.86	−0.4
人文景观资源	3.98	3.75	−0.23
景点规模	3.99	3.80	−0.19
基础设施	4.05	3.75	−0.3
服务质量	4.17	3.76	−0.41
管理水平	4.20	3.78	−0.42
餐饮	4.03	3.44	−0.59
住宿	4.01	3.50	−0.51

续表

指标	旅游期望均值	感知价值均值	满意度均值
交通	4.20	3.68	-0.52
购物	3.26	3.15	-0.11
景观游览	4.16	3.85	-0.31
休闲娱乐	4.02	3.64	-0.38
受到文化熏陶	4.13	3.87	-0.26
获得知识增长	4.16	3.85	-0.31
身心得到放松	4.51	4.10	-0.41

注：旅游期望和感知价值使用李克特五级量表测量，满意度是两者之差，满意度为负数代表不满意。负数的绝对值越大，说明不满意程度越高。

3. 信度及效度分析

为了保证数据的可靠性，要进行信度和效度分析。信度分析显示（见表 4-16），克隆巴赫阿尔法系数为 0.936，远远大于 0.7，具有较好的内部一致性，数据整体信度较高。同时，各变量的克隆巴赫阿尔法系数均大于或等于 0.7，说明信度均在可接受水平。

表 4-16　信度分析

变量	克隆巴赫阿尔法系数	项数
社交媒体的使用	0.774	8
信息获取	0.700	4
体验分享	0.872	4
旅游偏好	0.863	15
旅游期望	0.845	15
感知价值	0.889	15
整体信度	0.936	53

效度分析显示，KMO 值为 0.819，且巴特利特球形度检验近似卡方值为 6151.091，显著性为 0.000（$P < 0.001$），问卷整体结构效度较好。

4. 假设检验

设定 X 代表自变量社交媒体的使用，其中，X_1 和 X_2 分别代表信息获取、体验分享；Y 代表因变量游客满意度，其中，Y_1 和 Y_2 分别代表旅游期望、感知价值；M 代表中介变量旅游偏好。

为检验 H1，将自变量 X 和因变量 Y 进行线性回归分析。检验结果显示（见表 4-17），X 与 Y 相关系数 $\beta=0.353$，$P<0.001$，即社交媒体的使用对游客满意度存在显著正向影响，H1 得到验证。以同样的方法，依次验证 H2、H3。结果显示，X_1 与 Y_1 呈正相关（$\beta=0.155$，$P<0.05$），X_2 与 Y_2 呈正相关（$\beta=0.376$，$P<0.001$），H2、H3 得到验证。

表 4-17　变量相关性与显著性

变量	相关系数 β	显著性（双侧）
X（社交媒体的使用）→Y（游客满意度）	0.353**	0.000
X_1（信息获取）→Y_1（旅游期望）	0.155*	0.018
X_1（体验分享）→Y_1（感知价值）	0.376**	0.000

为检验 H4、H5、H6，根据中介效应的判断条件，应用逐步回归的方法，将 Y 游客满意度、X 社交媒体的使用、M 旅游偏好进行中介效应分析。

首先，分别验证自变量对中介变量的线性回归以及中介变量对因变量的线性回归。结果显示（见表 4-18），X 与 M 呈正相关（$\beta=0.323$，$P<0.001$），M 与 Y 呈正相关（$\beta=0.212$，$P<0.001$），H4、H5 得到验证。

表 4-18　中介效应分析一

变量	相关系数 β	显著性（双侧）
X（社交媒体的使用）→M（旅游偏好）	0.323**	0.000
M（旅游偏好）→Y（游客满意度）	0.212**	0.000

然后，自变量和中介变量同时对因变量进行线性回归。结果显示（见表 4-19），M 对 Y 的影响显著（$\beta=0.136$，$P < 0.05$），且 X 对 Y 的回归系数由 0.353 下降到 0.157，但该系数仍然显著，所以旅游偏好起部分中介作用，H6 得到验证。由此表明，社交媒体的使用不仅能够直接影响游客满意度，而且能通过旅游偏好的部分中介作用影响游客满意度。

表 4-19　中介效应分析二

模型	非标准化系数		标准系数	t 值	显著性
	β	标准误差	试用版		
（常量）	−1.287	0.191		−6.725	0.000
X（社交媒体的使用）	0.157	0.040	0.284	3.910	0.000
M（旅游偏好）	0.136	0.049	0.201	2.769	0.006
a. 因变量：Y（游客满意度）。					

注：该表格为 SPSS 软件进行中介效应分析时自动生成。

三、结论及建议

研究结果表明：社交媒体的使用是影响游客满意度的重要因素，其功能发挥得越充分，越有利于提高游客满意度；信息获取与旅游期望、体验分享与价值感知均呈现显著性正相关；社交媒体的使用可以通过旅游偏好对游客满意度产生间接影响。由此可见，在社交化趋势愈加明显的今天，进一步深化现代旅游与移动社交媒体的融合已然成为提升游客满意度，促进旅游创新发展不可忽视的重要途径。为了更好发挥社交媒体在旅游中的积极效应，旅游运营方需重点把握以下三个方面。

1. 基于真实信息，控制合理期望

有效控制旅游期望是提高游客满意度的前提与基础。在游客对社交媒体中旅游信息的依赖程度不断增强的背景下，旅游运营方可以通过与社交媒体平台进行合作，设立旅游地公众号等官方认证账号，构建对外宣传窗口。相较于个人主体间高频率互动、高亲密程度的"强关系"，虽然旅游运营方与公众群体间呈现"弱关系"，但信息传播更容易跨越社会结构，传播范围更加广泛。旅游运营方要依托官方认证账号的权威性，充分发挥移动社交媒体的多媒体、实时性优势，以在线直播等方式向人们提供丰富、及时、可靠的旅游信息，生动、客观地呈现旅游资源、旅游产品等状况，帮助游客产生合理的旅游期望，既能有效激发潜在游客的旅游意愿，又能降低游客的不确定性和风险性。避免为短期利益而采取过分夸大的宣传方式，导致产生较高的旅游期望，从而减弱社交媒体对于游客满意度的提升作用。

2. 促进社交互动，提高游客满意度

旅游运营方要关注旅游舆情，强化日常信息情报监控，将社交媒体作为深入了解游客状况的重要信息渠道。在游客旅游过程中，旅游运营方要与其建立畅通的社交网络关系，提供个性化旅游服务。同时，旅游运营方要建立舆情预警，尽早发现游客抱怨、投诉等负面反应，及时进行追踪、分析，对未充分满足的需求和存在的问题给予快速交流反馈，通过良性互动取得游客的信任与好感，从而构筑起有利的舆论环境。此外，旅游地可以举办各类文化活动、设置具有符号性强的旅游场景，选择恰当的市场策略打造出网红热点，鼓励游客生成内容丰富、高质量的用户原创内容，利用社交媒体即时分享多元化的旅游感受，满足其娱乐、社交需求，提升游客感知价值的同时促进舆论热点形成。旅游运营方可以邀请旅游达人前往旅游地进行深度旅游，将旅游体验通过社交平台传播给网络大众，凭借名人效应和主动社交能力，进一步营造旅游互动氛围。

3. 重视旅游偏好，增强旅游体验

旅游运营方要顺应社交媒体的传播规律及特征，讲好旅游地的文化故事，塑造独特的旅游形象，逐步使游客形成与旅游地所彰显的特色优势相一致的旅游偏好，强化旅游地吸引力，引导游客做出旅游决策。旅游运营方要通过大数据等技术，收集整理公开的社交媒体数据信息，准确找到目标消费群体，分析并掌握他们在旅游功能、旅游设施与服务等方面的旅游偏好及变化趋势。旅游运营方要围绕目标消费群体的旅游偏好，提升运营能力，有针对性地挖掘旅游资源，开发旅游产品，完善旅游设施，提高旅游服务质量，以便更好地满足目标消费群体的旅游需求。

第五章　山西文旅融合发展瓶颈

尽管山西文旅融合发展取得了一系列令人瞩目的成就，但仍然存在许多问题和挑战，这限制了山西文旅的进一步深化融合。我们只有全方位地审视山西文旅融合中存在的问题，并深入分析问题背后的制约因素，才能为文旅融合战略的制定提供更加科学、全面和精确的依据。

第一节　融合中存在的问题

综观山西文旅融合发展历程以及当前消费市场状况，当前山西文旅融合在资源融合、市场融合、功能融合、主体融合等方面还存在着发展瓶颈。明确山西文旅发展存在的主要问题是进一步深化文旅融合的前提与基础。

一、资源融合

1. 大量的优秀文化资源尚处于未被挖掘和开发的状态

历史文化资源开发是发展山西文化旅游的重要基础，文化资源禀赋条件尚未完全转化为良好的经济效益和社会效益。目前，重点开发的主要是平遥古城、晋商大院、佛教寺庙等有形的物质类文化资源，对于非物质类文化资源的开发尚不充分。以杨家将、稷王传说为代表的民间文学，以云胜锣鼓、河曲民歌等为代表的民间音乐，以麒麟舞、二鬼摔跤为代表的民间舞蹈，以二人台、垣曲曲剧为代表的戏剧，以襄垣鼓书、太原莲花落为代表的曲艺，以晋城泥塑、黎侯虎（布艺老虎）为代表的民间美术，以木梁压榨小麻油、平定黑釉刻花陶瓷为代表的民间手工技艺等大量非物质文化遗产，反映了山西特有的生活方式、人们的勤劳与智慧、生产技术水平，体现了山西的文化基因和鲜明的地方特色，具有很深的文化内涵、很高的艺术价值。但是，作为宝贵的文化资源，大量的非物质文化遗产缺少系统的挖掘整理，尚未被有效开发、利用，成为旅游资源，转化为旅游产品进入旅游市场，并且进一步产生经济效应。这造成优质文化旅游资源闲置，导致"有说的没看的"，山西非物质文化资源优势与文化旅游发展不匹配。民间文学、戏剧、剪纸、民俗文化等无形的文化遗产具有强大的文化吸引力，需要在全省范围内开展严格的标准化普查，在此基础上进行有效的整理、挖掘、传播、利用。这既是对资源的开发，也是对资源的保护。

2. 旅游资源开发中文化内涵挖掘与文化资源创新不足

文化内涵真正体现了文化资源的内在价值，只有深入挖掘文化内涵，才能有效满足旅游者的文化诉求，增强文化资源的吸引力，打造文化旅游差异化的核心竞争力。作为江南三大历史文化名楼之一的湖北武汉黄鹤楼，虽屡次被毁，但它富有诗意和神话色彩的身影已深入人心。游客站在黄鹤楼上，崔颢的"黄鹤一去不复返，白云千载空悠悠"，李白的"故人西辞黄鹤楼，烟花三月下扬州"等文人诗作自然涌上心头，如同穿越历史，与古人对话，体会诗人的感受。这便是黄鹤楼真正的文化吸引力。反观山西，目前在旅游资源开发过程中存在对文化内涵的挖掘和展示不足的问题。以晋商文化旅游为例，依托大院，侧重展示晋商发家及兴盛繁华，执中华金融商业之牛耳，以雄财善贾而饮誉海内外的历史，但现有开发对晋商深厚的商业文化挖掘与呈现不够充分。晋商文化涵盖节俭勤奋、明理诚信、精于管理、勇于开拓等内涵。其中，尤以晋商"宁叫赔折腰，不叫客吃亏""诚招天下客，义纳八方财"的诚信精神最为天下知晓。这无疑是晋商文化旅游的灵魂所在。晋商文化是人文历史底蕴深厚的山西递给世界的一张名片。深入挖掘晋商文化内涵，并对其进行不断延伸，助推晋商文化与旅游融合发展，以此来打造自己的品牌，让乔家大院、平遥古城、榆次古城……这些饱含晋商文化、传承历史文脉的旅游目的地为更多人熟知。①

"民以食为天"，特色美食也是旅游文化的重要构成部分。游客通过美食不仅能获得味蕾的享受，还能品味独特的风土人情。山西是世界上最早的农业起源地之一。由于自然历史等因素，山西形成了自己独特的饮食文化，其中面食文化尤为突出，被称为"面食之乡"。经过不断积淀与演变，山西形成了刀削面、剔尖、擦面、揪片、饸饹、拨鱼、猫耳朵、莜面栲栳栳、头脑、蘸片子等独树一帜、丰富多彩的面食，其制作方法、工艺造型、烹饪过程具有很强的观赏性，其中蕴含的面食文化长盛不衰，一直流传至今。但山西的面食文化并不为外人所熟知。一方水土滋养了一方人，独特的饮食文化体现的不仅是山西的地域风情，更是山西淳朴的民风民俗。挖掘饮食文化内涵，并将其融入文化旅游中，能够让游客体验山西日常饮食习惯、礼仪往来，感受山西面食文化饱含的浓浓乡土情和其中的文化韵味。

丰富的历史文化资源为山西文旅融合发展提供了宝贵的资源优势，但严重依赖于传统的历史文化资源的旅游开发，制约了创新发展，具体体现为历史遗产的文化创新开发严重不足，缺少新型的文化元素和内容。以电影为主题的好莱坞环球影城，就是以《变形金刚》、《未来水世界》、"哈利·波特"系列、"速度与激情"系列等完全新创造的故事、情节、人物

---

① 挖掘晋商文化内涵助推山西高质量发展 ［EB/OL］.（2022-01-31）［2023-04-05］. http://www.sxgov.cn/content/2022-01/31/content_12688006.htm.

构成的电影文化为基础，衍生开发电影文化资源，形成众多刺激有趣的娱乐项目。文化的生命力在于不断地创新，只有在继承的基础上不断创新，才能生存，才能发展。促进文化创新，才可以推动山西文化旅游不断向前发展。

二、市场融合

1. 产品融合：融合模式单一，缺乏高质量的文创产品

多数文化旅游目的地仍然主要以历史文化遗迹的参观浏览与讲解为主，解说词多年不变，缺少对景点文化内涵的理解和宣传。近年来，山西涌现出"文化活动＋旅游"以及"文化演艺＋旅游"等旅游形式，如大槐树寻根祭祖等旅游文化活动、太原晋阳湖畔实景演艺《如梦晋阳》，但横向融合"文化＋旅游＋工业、农业、体育"以及纵向融合"文化＋旅游＋影视、演艺、会展、民俗活动"等融合模式的拓展非常有限。融合模式过于简单，与相关产业的融合不足，导致文化旅游新业态培育乏力，产业链延伸不充分，限制了文化旅游产品开发的空间。

文创产品是文化与旅游融合的具体体现。购物是旅游中的重要环节，旅游过程中的购买对象大都集中在旅游文创产品上。随着文旅市场的深化，游客对文创产品的需求更加明显，越来越多的具有鲜明文化特色的文创产品受到市场的欢迎，创造出了良好的经济效益和社会效益。这既有利于促进文化传承保护、文化价值提升，推动文化资源保护和优化，使文化焕发出独特的魅力，又是推动文化旅游发展的有效途径。川剧变脸是一门绝技，也是四川独有的中国国粹，看川剧表演成为众多游客到成都旅游必不可少的项目。结合川剧变脸典型的文化元素，市场开发出了"川剧变脸娃娃玩偶"文创产品。只要你拨动它的脑袋，"叭"的一声，眨眼之间它就变了一张脸，体现了变脸新、奇、快、爽的特点，极具创意，展现了四川文化特

色。2013 年诞生以来，它风靡成都各大旅游景点，游客争相购买。

在山西文化旅游发展中，文创产品作为文化传承、传播载体的意义和价值没有被广泛重视，缺乏山西特有的元素和符号，缺乏能够体现地方特色、文化内涵，影响力强的产品，甚至假冒文物等现象随处可见。人们基本上不会把这些文创产品跟它所依赖的深厚文化结合在一起，更难以理解或重视其背后的深层文化信息。铜艺、陶瓷、剪纸、布艺、砖雕、澄泥砚、推光漆器、云雕漆器、木雕、堆锦、刺绣等大量具有山西文化特色的优秀传统手工艺品由于工艺、周期、价格、质量等市场性、品牌性因素，难以在旅游商品市场上形成规模、获得竞争优势，在产品设计上仍然主要以跟随为主，普遍存在千篇一律的现象，缺乏引领时尚的创意性产品和文旅高端产品。创意是文创产品的灵魂。文创产品开发就是立足优势文化资源，深刻理解文化内涵，将文化和创意有机结合，通过创意设计，将文化内涵复原、激活、嫁接、再造，转化成供现代人体验、欣赏的文化旅游形态，创造出不仅美观而且能够传达文化信息、符合消费需求的产品。资源有限，而创意无限。山西旅游商品市场上急需具有浓厚的本土文化、创意高的旅游类文创产品，使山西丰富的文化旅游资源展现出新的魅力。此外，山西的电影、游戏等延伸文创产品创新开发也尚未形成规模，各类新型文化展示的科技化程度还不够，科技元素在现有产品融合中的应用较少。

2. 品牌融合：文化旅游品牌化优势不明显

打造具有鲜明特色的旅游地品牌是山西文化旅游发展面临的重要现实问题，山西在文化旅游品牌建设方面尚处于逐步完善阶段。依托于丰富的文化资源与旅游资源，一方面，山西已形成了部分优质的文化品牌与旅游品牌，但存在文化品牌与旅游品牌相分离现象，缺乏文化旅游整体形象的塑造与传播。这既不利于山西文旅品牌的形成，又难以有效吸引远程游客。另一方面，随着旅游品牌意识的不断增强，山西逐步形成了以个别文化旅游地为载体的个体文化旅游品牌，但文化旅游品牌形象模糊，知名度、联想度不高，甚至出现了品牌损害等情况。造成以上问题的根本原因在于产业融合不够深入，同时缺乏基于产业融合的系统化品牌建设。

文化产业中的传媒等领域具有传播广泛、快速等特点，因此，可以充分利用文化传媒的传播渠道，展示山西文化旅游的文化内涵，树立品牌形象。近年来，电影《白银帝国》、电视剧《乔家大院》、话剧《立秋》、歌舞剧《一把酸枣》等一大批以山西为背景的影视戏剧艺术作品推出，对外有效宣传了山西的文化历史、地域风情，增强了人们对山西的文化认同感，提升了山西的旅游吸引力，有效带动了乔家大院、平遥古城等旅游景点的发展。但整体而言，在文旅融合过程中，文化产业对旅游产业的传播效能还没有充分体现出来。目前，山西传播媒介与传播媒体规划布局较差，传播手段有限；[①] 宣传推介力度不够，品牌宣传尚不到位，缺乏品牌影响力和吸引力。节庆活动市场化运作、对外影响力不够，后续跟进工作不到位，有的地方甚至成了"自娱自乐"的活动，没有成为传承文化、推介旅游、提升形象的有力载体。

三、功能融合

1. 旅游的文化功能不显著

旅游是实现文化价值的优质载体，文化传承保护是旅游产业的重要功能。充分发挥旅游地及文化机构的文化传播作用，讲好山西故事、传播山西文化、实现文化保护与传承是山西文化旅游可持续发展的重要保证，处理好继承与创新发展之间的关系是文化旅游发展的基本原则。

---

① 燕连福. 新时代文旅融合发展：一个新的增长极［J］. 人民论坛·学术前沿，2019（11）：71-79.

目前，山西很多地方存在过度文化消费倾向，不重视文化内涵挖掘，打着文化的旗号，仅仅把文化包装成消费符号，使其变成了功利性的市场附庸，缺乏文化符号背后深厚意义的传递，甚至存在对文化的随意篡改，对优秀传统文化的创造性转换、发展存在短板，使文化旅游的知识获取、文化传播、教育与审美功能大大降低。虽然文化传承并不是仅仅保持文化的原生态，而是需要根据时代的发展进行调整，但为了满足过度商业化的需求，滥用历史文化进行商业炒作，既破坏了文化价值，又不利于文化的传承。

2. 休闲娱乐功能不健全

休闲娱乐是旅游的重要功能。随着压力增大，越来越多的人希望通过旅游这种途径从日常劳烦中解脱出来，在获得文化体验的同时，达到身心放松、休闲娱乐的目的。

山西文化旅游普遍存在文化观赏性强、休闲娱乐性弱的状况。首先，缺少具有文化感的休闲设施，文化旅游产品的参与性和娱乐性不足。特别是遗产类文化旅游地对用于消除游客疲惫的休闲设施和满足自驾、住宿、购物等的配套设施没有足够重视，难以持续留住游客。因此，山西应着力围绕场所和设施建设，创造更好的休闲娱乐条件。其次，旅游休闲娱乐的总体趋势是主题化。不同于以运动、购物等为主题的纯粹休闲娱乐旅游类型，文化旅游更加侧重于设定独特的文化主题，通过提供多元化的休闲娱乐方式，将文化融入娱乐活动项目中，使游客体验文化的同时获得良好的休闲娱乐感受。

四、主体融合

产业主体是产业发展中最为活跃和重要的组成部分，也是文旅融合主要的实践者。主体融合可以加速文化产业与旅游产业间的扩散、渗透。只有通过有效的主体融合，降低资源要素融合的成本，提高要素融合的效应和效益，才能形成一批以文化和旅游为主业、以融合发展为特色、具有较强竞争力的领军企业、骨干企业，形成稳定的融合格局。主体融合具体呈现为两个层次：一是企业业务扩展。文化企业向旅游市场渗透或者旅游企业向文化市场渗透，通过跨领域并购等方式实现企业主体融合。二是形成产业集群。由一系列文化企业、旅游企业及相关机构共同组成，包括文化旅游产业链上下游企业以及配套的各类支撑及服务机构，相互之间建立起分工与协作关系，人才、资本、信息等各类资源能够高效共享与合理配置，形成较为完整的产业体系。

山西文化旅游市场主体结构中，龙头企业数量偏少，带动引领作用尚不明显，多数企业规模较小，专业性不够强，整体呈现散、弱的局面。主体间联系不够密切，产业链难以延伸，行业内部和相关行业的资源及外部资源难以整合，没有形成集聚、共生、协同、区位、结构等诸多有利效应，不能更好地服务于产业链的完善与壮大。最终体现为市场整体竞争力不强，向文化旅游市场提供丰富优质的文旅产品的供给能力受限，无法有效满足日益增长的市场需求。因此，山西迫切需要充分借助现代科技，依靠现代资本市场，形成文化资本、人力资本与金融资本有效对接的全国知名的文化旅游企业；要制定相应政策，充分利用资本市场等条件，扶持本土头部企业，使其规模与实力不断壮大。协调共同利益，打造产业集群。同时，山西需要继续提升政务服务能力和水平，优化营商环境，进一步激发产业主体的市场活力，特别是对于在文化旅游领域所占比重较大的民营企业和中小企业，更需要为其营造良好的政策环境，鼓励其创新发展。主体活，则市场活；主体强，则产业强。只有各类产业主体的活力被充分释放，山西文旅才能摆脱不利因素的制约，实现高质量发展。

第二节　融合发展的制约因素

一、融合发展理念

1. 融合意识

文旅融合观念的滞后成为影响文旅进一步深度融合的障碍。文化与旅游部门在体制上完成了机构合并，但仍然有许多人按照以往的意识行政，特别是在基层管理部门，将文化与旅游分割开来，对文旅融合的意义理解得还不够普遍和深入，沟通协调机制不畅通，管理效率不高，限制了政策作用的有效发挥。因此，山西还需要继续修订完善标准、管理规范等，不断加强宣传教育，使融合理念深入人心，以便进一步打破融合壁垒。全省各区域依然存在以行政分割旅游路线，各自相互独立的现象。跳出小旅游，谋划大旅游，将整个区域文化旅游作为一个系统的整体，实现全区域、全过程、全方位的全域文化旅游思维还没有完全建立起来。文化产业＋旅游产业＋工业、农业、体育、教育等的"大产业、大市场"的理念还未充分形成，产业间依然缺乏有效的资源共享，产业协同效应难以充分实现，文化旅游的产业带动作用还不够明显。

在景区建设上，许多地方盲目对文物古建进行旅游开发，造成重复开发、重复建设的浪费，开发与保护关系不协调。对于文化旅游消费需求的多样性及层次性没有给予充分重视，过于依赖门票收益，收入渠道单一，忽视了旅游要素配套。旅游产品种类有限，大量雷同，缺乏文化特色，吸引力不足。究其原因，融合发展的市场观念落后无疑是重要方面。因此，尊重市场规律，强化融合的市场意识，树立文化旅游品牌观念显得尤为迫切。

2. 创新思维

创新是文化旅游持续发展的保障。在山西文化旅游发展过程中，创新意识与创新能力明显不足，学习、引进、跟随与模仿成为常态，鲜有具有原创性、能够引领产业融合发展的新模式、新产品等。目前，文化与旅游融合虽已形成基本共识，但如何深化融合，找到符合山西发展实际的合理融合模式与可行性融合路径仍在逐步探索当中。在新时代背景下，这种探索更需要用创新思维引领产业融合。拓宽发展理念，围绕新需求，依靠新技术，创新新形式，突破固有的发展模式，推动创新驱动发展。

文旅融合本身就是一种创新，以文旅为核心的跨多产业融合更是将产业发展推向了创新的新高度，对调整产业结构、增加经济收益、文化创新传承等方面影响深远。同时，文旅融合开拓了新市场，产生了新业态，指引了科技创新、体制创新、政策创新、产业创新、模式创新的方向，催生了一系列应用化、市场化的创新成果，更好地满足了融合发展的需要。

二、融合环境条件

1. 旅游生态环境

旅游业作为第三产业，具有"无烟产业"和"永远的朝阳产业"的美称。良好的旅游生态环境是旅游赖以生存和发展的基础，不仅是吸引游客的重要因素，更是实现社会效益、经济效益和生态效益统一，促进文化旅游可持续发展的保障。山西作为全国能源重化工基地，煤炭、钢铁、化工等高能耗、高污染产业在为山西经济发展做出巨大贡献的同时，对生态环境造成了不同程度的破坏，水源、空气等污染问题直接威胁到文化旅游所依赖的环境，造成了许多潜在游客的流失，明显制约了山西文化旅游产业的发展。

针对山西文化旅游生态环境所面临的上述问题，以"绿色发展"理念为指导，以社会发展与自然和谐共生为目标，采取积极有效措施，保护和修复双管齐下，有效治理生态环境，构建均衡、节约、清洁、健康、循环的产业绿色发展平台已经势在必行。首先，对于已破坏的生态环境及时进行修复或者重建，并且杜绝任何严重破坏旅游生态环境的行为，从根本上治理因开发旅游产业导致的环境问题。令人欣喜的是，山西正在通过加强污染风险防控、开展大规模国土绿化等方式，进行综合治理，逐步恢复生态系统功能。同时，山西积极探索能源革命综合改革，推动传统能源和新能源优化组合，走生态优先、绿色低碳发展道路。相信山西的生态环境会有明显改善，为文化旅游创造良好的生态条件。其次，加大环境保护力度，进行广泛的环境保护宣传，树立起持续维护生态原生系统的观念，让保护环境的意识贯穿整个旅游产业，树立起山西重视生态环境保护的良好形象。

2. 基础配套设施

文化旅游基础设施不仅包括传统意义上的旅游交通、餐饮，也包括融入新技术的旅游信息化基础设施。不断加强旅游业基础设施，加紧推动配套服务设施尽快落地，呈现出让大众看好的旅游区发展前景，做好迎接更多游客的准备，才能让山西文旅产业成为有"底气"的产业。虽然山西不断推进旅游产业发展，但在旅游基础配套设施建设方面还存在很多问题，饭店、旅店、交通设施等还无法满足旅游业的快速发展，旅游产业要素的不平衡让游客在旅游过程中的体验感大打折扣。

旅游消费需要大规模的基础设施和公共服务设施来支撑，只有配套旅游设施的产业链同步完善，横向、纵向要素平衡发展，将完整的产业链整合到旅游资源内，突破产业体系中的薄弱环节，才能让山西旅游向全域旅游目标发展。首先，要增加社会性结构设施的经济投入，让各类相关产业与旅游业形成良性互动，让游客产生完整且满足的旅游体验感。其次，将景区中的停车场、厕所、游客服务站等各类公共服务设施纳入政府支持项目，制定项目清单，并且跟进各类旅游公共服务设施改善的进度，成立工作领导小组，将交通、卫生、安全、景区绿化等各类保障工作实施推进。

三、融合支撑保障

1. 市场

目前，山西文化旅游融合主要由政府主导推动，具体体现为：政府集中管理文化资源；政府组建的山西文旅集团等国有文化旅游企业负责旅游景区投资、设计、开发、建设和运营管理重要的旅游景区，提供旅游综合服务；政府管理部门指定文化旅游整体宣传推广工作方案，打造旅游名片。在文旅融合的初步阶段，政府主导融合的模式无疑是必要而且适用的，有利于集中优势资源，整体谋划和重点推进，在长远规划的制订、战略目标的制定、大型项目落地实施、文化资源保护以及整体形象塑造等方面发挥了无可替代的重要作用。取得了显著成效的同时，也出现了一些问题，如对市场研究不够，盲目上马项目，造成项目亏损；一些企业"钻空子"，套取政府优惠补贴，存在走形式现象，造成资源浪费；民间资本投资文旅空间受限，热情不高等。随着文旅融合的深化，原有模式已无法适应融合发展的需要，因此，"政府引导，市场运作"将成为主要原则。加快政府角色转变，在宏观调控的基础上，重点在文化保护、知识产权保护、市场监管与公共服务方面更好地发挥政府职能。[①]创建合理融合机制，加大市场在文旅融合中的推动作用。以市场有效整合和配置资源，建立产权交易市场，让文化和旅游资源"活"起来，激发市场活力，壮大企业市场主体，推动文化繁荣和产业结构优化。

2. 资本

资本需要寻求产业支持，文旅融合的加速发展也需要金融资本的投入。

---

① 邹统钎. 走向市场驱动的文旅融合［J］. 人民论坛·学术前沿，2021（Z1）：107-115.

目前，山西文旅产业投资主要来自民营资本、银行贷款和政府投入，渠道较为有限，还没有形成完善的投融资体系。民营资本介入很少，主要是因为民营文化企业规模较小，市场化运作程度比较低，积极性、主动性不够。商业银行仍然主要将目光锁定传统工业类企业，没有与文化旅游企业形成密切合作。大多数文化旅游企业往往由于规模小、缺少用于抵押的固定资产，很难从银行获得贷款。其他资本进入文化旅游产业存在障碍多、门槛高等问题，在整个投资总额中所占比例较小。银行、保险、证券和信托业等金融领域与文化产业的对接和融合还处于起步阶段。因此，山西亟须建立多层次、多渠道、多元化的文旅产业投融资体系。文旅产业投资具有周期长、风险高、专业性强、资金量大的特征，需要持续而稳定的资本供给。很多文旅融合项目投资缺乏清醒认识，急于求成，导致中途退场，出现无人接盘的尴尬局面。此外，在很多项目的投资过程中，投资方以旅游的名义来实现征地或其他目的。这导致文旅融合项目不能健康发展。

面对资本难题，山西亟须扩大产业投资规模，搭建文化产业投融资平台，引导示范和带动社会资金投资文化旅游产业，实现投资主体和投资渠道的多元化，通过股权投资等方式推动资源重组和结构调整。积极推进旅游资产的证券化，不断扩大社会资本自行参与政府推出的旅游资源开发项目的规模，同时鼓励各类社会资本投资低效的旅游项目，将各类旅游产品纳入融合发展，盘活低效闲置资源，使社会资本成为文化旅游融合的助推器。

3. 人才

文旅融合的深化和文化旅游品质的提升，对人才提出了更高的要求。山西文旅的发展长期饱受高素质、专业化、复合型人才缺乏的制约，供需错配以及人才流失等问题日益凸显。目前，山西文旅从业人员中，受到系统化专业培养的高学历人才较少，学历层次有待进一步提高。山西文化旅游产业已初具规模，在未来的产业竞争中，产业运营将起到至关重要的作用。既具有较高的文化素质和修养，又熟悉旅游运作规律的经营管理人才，成为文旅产业发展最迫切的需求。创意性人才是文化旅游发展的重要支撑，也是获得竞争力的关键。虽然近年来创意性人才的数量逐年增长，但整体呈现金字塔结构，富有创造性、想象力、原创性的高端人才仍严重不足，而普通的创意策划人员存在过剩的情况。从业人员多集中于传统文化旅游领域，在以新技术、新模式催生的文旅新业态领域，人才供给无法满足快速发展的人才需求。很多企业面临投递简历者多，符合要求者少，同时人员流动较大，缺乏稳定的人才队伍的问题。

通过与各类专业院校密切合作，建立以市场需求为导向的旅游人才培养机制，推动产学研结合，建立科学合理的人才培养体系，形成稳定、高质量的人才供给；创造平等竞争、包容创新的人才发展环境，选拔优秀人才进入融合前沿领域；改善产业就业环境，提高人员社会地位，实现吸引人、留住人，等等，成为山西解决文旅融合发展过程中人才问题的重要措施。

第六章 山西文化旅游融合模式

在文旅融合过程中，"文化内涵＋表现形式＋旅游要素＋融合载体"共同构成了融合的基本模式。其中，文化内涵构成了文化旅游的灵魂；文化表现形式主要包括影视、演艺、民俗活动等，是文化的外在体现；旅游要素主要包括吃、住、行、游、购、娱，是文化旅游不可缺少的必要环节；融合载体包括遗产景区、文化园区等开展旅游活动的具体场所。随着产业融合不断深化，文化内涵、表现形式、旅游要素、融合载体相互交叉组合，产业间的产业链相互延伸，新技术等要素推动产业价值链重组，形成了文化遗产旅游、影视文化旅游等多种多样的融合模式，催生出新产业形态。

在文化与旅游融合发展模式的探索过程中，山西既要参考借鉴成功融合模式案例，又要考虑自身文化产业与旅游产业的发展历史、资源特点、技术状况等因素。山西要充分利用有利条件，在产业实际融合的基础上，围绕市场的实际需要，找出产业间的融合点、企业间的联动点以及产品间的交叉点，不断拓展与创新多样化的文旅融合模式。

第一节 文化遗产旅游

在 1972 年通过的《保护世界文化和自然遗产公约》中，联合国教科文组织首次正式提出文化遗产的概念，文化遗产既包括物质文化遗产，又包括非物质文化遗产。[①] 文化遗产作为具有核心竞争力的旅游资源，是独一无二的，具有较高的历史价值、审美价值、科教价值和社会价值，相较于其他旅游资源，具有难以再生、文化内涵丰富、文化教育功能显著等独特的资源特征。文化遗产是人类社会的瑰宝，为旅游业的发展提供了珍贵的资源基础。随着世界经济与科学文化的发展，协调文化遗产保护与文化旅游项目开发受到越来越多人的关注。

一、文化遗产旅游特点

文化遗产旅游就是围绕文化遗产聚集地，利用历史建筑、传统村落、文物遗迹等文化遗产资源，深入挖掘其文化历史价值，整合文化空间，以空间文化感和内容感加强旅游与文化遗产的联系[②]，实现文化和旅游的有机融合，使游客获得良好的文化旅游体验。浙江乌镇将江南水乡古村落文化遗产完整地保存下来，是典型的江南水乡古镇、首批中国历史文化名镇，有"中国最后的枕水人家"之誉。古镇保留了完整的水乡风貌和大量的古建筑，具有浓郁的生活气息，传统特色的商铺遍布古镇。游客身在其中充分享受现代化配套设施的同时，能够体验原汁原味的水乡文化，感受古镇浓厚的生活气息。原生态文化的魅力形成了巨大的旅游吸引力，大量游客前去观光体验。[③]

在文化遗产旅游开发过程中，如何有效协调文化遗产资源的开发与保

---

① 邵明华，张兆友 . 国外文旅融合发展模式与借鉴价值研究［J］. 福建论坛（人文社会科学版），2020（8）：37-46.

② 邵明华，张兆友 . 国外文旅融合发展模式与借鉴价值研究［J］. 福建论坛（人文社会科学版），2020（8）：37-46.

③ 张胜冰 . 文旅深度融合的内在机理、基本模式与产业开发逻辑［J］. 中国石油大学学报（社会科学版），2019，35（5）：94-99.

护已成为产业融合面临的重要问题。保护与开发并非相互矛盾，而是可以相互促进。山西大量的文化遗产是不可再生的宝贵财富，赋予了文化遗产旅游独特的吸引力。因此，保护要先于开发，置于首位。没有文化遗产的保护，就失去了开发的前提和基础，只有不断强化保护，才更有利于旅游开发的可持续发展。但是，如果只保护不开发，无疑降低了文化遗产的价值和作用。合理有序地进行旅游开发，在发挥旅游的经济功能的同时，才能更好地传承和推广文化遗产，实现文化教育功能。在开发中保护，在保护中开发，成为文化遗产旅游发展的重要趋势。法国对文化遗产保护与传承的重视由来已久，作为最早呼吁对文化遗产进行保护的国家之一，早在1840年就颁布了第一部文化遗产保护法《历史性建筑法案》，在1913年又颁布了《历史古迹法》，为文化遗产保护提供了法律依据。法国政府每年都投入巨额的资金用于文化遗产的保护，同时出台税收优惠等政策，鼓励各类基金、企业和个人出资支持文化遗产保护事业。法国政府对文化遗产保护的重视，使数量可观的古迹、遗址、建筑园林以及文物古画得以完好地保存原貌，并焕发昔日光彩，使民众对文化遗产的保护意识不断增强，也为法国提供了大量的就业机会，创造了大量的旅游收入。在国内，乌镇很早就与同济大学合作，明确了古镇保护与开发的整体规划，设立了不同等级的保护区域，制定了相应的保护措施，围绕遗迹、文化、环境实施了"三大保护工程"，保护了乌镇宝贵的历史风貌和遗产，实现了历史、文化、自然、环境、人文有机融合，开创了"乌镇模式"。2003年，乌镇被联合国授予"亚太地区遗产保护杰出成就奖"。乌镇的成功实践为国内文化遗产旅游开发与保护提供了有益借鉴。

二、山西文化遗产旅游状况及趋势

山西作为文化遗产大省，文化遗产资源十分丰富，为发展文化遗产旅游奠定了良好的基础。古村落、古建筑、古文物等大量真实的原生态文化遗址和遗产构成了文化遗产旅游的重要空间和代表形态。就古村落一项而言，其形成时间可以追溯到先秦时期。留存至今的古村落以元代之后的为主，在山西官方统计的 3500 个古村落中，元代之后的有 959 个。位于盂县梁家寨乡深山沟谷中的大宋村，距今已有 1500 多年的历史。村中古民居依山而建，层层叠叠，鳞次栉比，独特风格的立体交融式乡土建筑完整地保留了古老的传统和民俗风情，有着历经千年风雨而未改的原生态，体现了人与自然、人与山地的完美和谐，被称为"深山里的布达拉宫"。村民的生活平静而自足，整个村落呈现出一片悠闲、祥和的景象，吸引着越来越多的游客前往。

山西的非物质文化遗产也十分丰富。经过人民群众长期的积累沉淀并世代相传，山西形成了包括民俗活动、民间文学、传统技能、节日庆典等丰富的非物质文化形态。这些非物质文化形态真实地反映了山西的历史文化传统和变迁。此外，山西作为革命老区，有许多革命历史遗迹。全省的红色旅游景点有 110 多处，其中以抗日战争时期为主，包括八路军总部旧址、抗日军政大学总校旧址、白求恩模范医院旧址、国民师范旧址、徐向前元帅故居等。

文化遗产旅游已经成为山西文化旅游开发的基础和典型模式，也是市场占比最大的一种模式，为山西文旅融合探索出了一条有效发展之路。山西依托丰富的文化遗产资源，形成了较为成熟完善的"文化遗产＋旅游"融合发展模式。以平遥古城旅游发展为例，作为一座具有 2800 多年历史的文化名城，古城历史悠久，历尽沧桑，几经变迁，是中国目前保存最为完整的四座古城之一，具有极为重要的历史、艺术、科学价值，被列入《世界遗产名录》。值得一提的是，平遥是重要的晋商发祥地之一，它见证了晋商的兴衰成败，拥有中国第一家票号——日升昌票号。当地在对平遥古城进行旅游开发过程中采取了以下措施：通过以政府为主导申遗，提升了平遥古城的文化旅游地位；利用古城墙、商贾票号、特色民居、手工艺品等特有的文化遗产资源优势，深挖晋商文化、民俗文化等文化内涵，进行旅游资源开发；通过平遥国际摄影节、平遥国际摄影大展等各种节庆活动，进一步提升了景区热度；旅游配套设施建设提升了城市功能和品位，为旅游业的发展营造了良好的环境。古城游客接待量逐年上涨，门票收入稳中向好。相关数据显示，2019 年，平遥县共接待游客 1765.04 万人次，旅游总收入 209.72 亿元，国内游客 1753 万多人次，海外游客 12 万多人次。平遥古城已成为山西著名的文化旅游品牌。

近年来，随着人文旅游的兴起，文化遗产类景区的游客数量逐年增加，景区承受的压力不断增大。如何有效协调保护与开发两者间的关系同样成为山西文化遗产旅游发展的关键问题。因此，山西在发展文化遗产旅游时需重点注意以下几点。

1. 加大保护与传承力度，保持文化遗产原真性

原生性和真实性是文化遗产的灵魂，也是文化遗产旅游开发的基础，一旦失去将无法再生。任何复制品都难以具备原有的价值。山西虽已建立了较为完备的保护制度和保护体系，文化遗产保护状况得到明显改善，但由于遗产数量、种类众多，遗产保护仍面临巨大的压力。

物质文化遗产资源既包括文化遗产本身，又包括其所依存的环境以及所蕴含的历史文化，少了任何一部分都会有损其价值。山西大量的文化遗产除了受到自身老化的威胁，还遭到人为破坏。此外，随着文化旅游开发的加快，无序和过度的商业性、破坏性开发，大量游客的进入，居民外迁带走了生活形态等多种因素，改变了原有的遗产依存的环境，甚至严重危及了遗产本身。加强文化遗产保护，不仅是对历史负责，还关系到文化旅游发展的根基。山西应以系统性的方式实施文化遗产保护与开发，逐步推进由文化遗产资源本体保护向遗产与环境整体保护转变。文化遗产地还需要平衡游客旅游体验需求和当地社区居民生活之间的关系，合理评估社会

和文化承载力，合理控制文化旅游活动的规模；根据自身的特点，因地制宜，建立起符合本地实际情况的特色化保护发展模式，避免模仿和抄袭，形成以利用促保护、以保护促利用的良性循环发展态势。位于山西大同的云冈石窟是我国最大的石窟之一，至今已有1500多年的历史。石窟属于砂岩地质，受降水量少、风沙大等自然环境影响，众多石雕佛像逐渐风化，断臂残腿、无头、短身的佛像不在少数，有的佛像甚至整体掉落。为此，有关部门加大文化遗产保护力度，从防水工程、加固保护、环境整治、防风化等多方面对石窟进行了修缮与保护工作，取得了很大成效。① 同时，有关部门成立了云冈数字中心，对石窟和资料档案积极开展永久保存和永续利用的数字化保护工作，为文化遗产的研究、保护奠定了良好基础。

传统美术、书法、音乐、舞蹈、戏剧、曲艺、杂技、手工技艺等很多非物质文化遗产在当下社会中已失去传统意义与实用价值，加之往往通过口传心授的传统方式进行传承，由于传承人的匮乏，面临失传的风险，为传承与保护工作带来不小的困难。年轻人不愿花费大量的时间和精力投身于非遗技能的学习，即便愿意传承也可能面临不能解决生计、不能获得社会地位等问题。正是以上原因使非遗陷入后继乏人的困境。政府须加大补贴力度，为非遗传承提供基本的物质保障；重视和抓住非遗传承人这个关键环节，通过与院校联合的方式共同培养青年非遗传承人，形成系统、科学的培养体系，为非遗传承事业持续供给人才。

2. 重视文化遗产"活化"，增强文化遗产旅游的可持续性

文化遗产保护就是要保护其历史、科学、艺术和情感等方面的价值。从价值体现、文化传承角度而言，保护并不是将文化遗产封闭起来，而是在保护的基础上探求合理的发展利用方式。

在信息技术日新月异的当下，文化遗产的数字化无疑是遗产"活化"

① 邵明华，张兆友 . 国外文旅融合发展模式与借鉴价值研究［J］. 福建论坛（人文社会科学版），2020（8）：37-46.

的重要基础。政府要加快文化遗产的数字化建设，不仅要形成文化遗产名录，更要充分利用好数字化技术，通过照片、影像、三维模型等多种方式真实完整地保留、记录文化遗产，建立文化遗产数字化档案，进而形成档案库，便于分类、整理，为后续查看、研究以及进一步数字化开发提供便利条件。特别是对于濒临失传的非遗，更需加快非遗数字化进程，开展抢救性保护工作，为日后开展恢复工作奠定基础。

遗产开发时不要只停留在欣赏层面，而要深入挖掘遗产的文化价值，展现出地方特色，尽可能还原真实情景，满足文化遗产旅游的真正需求，避免千篇一律。重视文化遗产的"活化"，将文化遗产保护从静态展示转向活态传承，以游客可见、可感、可知的方式解读并展示其文化内涵。云冈石窟被世界遗产委员会评价为"代表了公元5世纪至6世纪中国杰出的佛教石窟艺术……"。依托历史文化资源，云冈石窟景区建设了云冈博物馆、云冈书房等一系列文化场馆。这样游客不仅在参观石窟之余有了更加丰富的旅游内容，而且能更加全面、深入地认识文化遗产。走进云冈博物馆，游客可以通过实物、图片、视频、三维立体影像、文物修复模拟等多种方式，更加形象直观地了解鲜卑民族与北魏王朝的历史、云冈石窟的开凿与艺术源流等。此外，云冈石窟景区还充分利用数字VR技术打造了"在线全景云冈"沉浸式体验系统，配以轻松的音乐、详尽的解说、局部高清照片等，让游客即便足不出户也能够细致入微地参观整个云冈石窟，犹如身临其境，石窟遗产的文化魅力展露无遗。

3. 深化遗产资源产业化，促进非遗文化传播

文化遗产管理具有明显的文化事业属性，但文化遗产资源的传承与保护需要产业的参与和支撑。特别是非物质文化遗产，有着鲜明的历史地域文化印记，非遗经验、技能、手艺以及情感、知识的传承与保护除了依靠政府立法、专项保护基金等措施，推动非遗产业化也是重要的途径。非遗具有艺术价值，也具有潜在的经济价值，将非遗与现代商业相结合，融入

文旅产业发展，以科学的产业化运作方式实现非遗的创造性转化、创新性发展，保用并重，形神兼备，有助于为非遗开辟全新的、广阔的生存空间。

　　非遗产业化的重点在于通过将无形的非物质文化遗产有形化、物质化，推动非遗资源的旅游转化，使其产品化，扩大非遗文化的社会化传播。通过深入挖掘历史文化，将非遗中的文化元素通过文创产品展示出来，提升现有旅游产品的品质和文化含量，唤醒公众的文化自觉与文化认同。剪纸艺术作品、漆器作品、面塑作品等非物质文化遗产相关手工艺品，由于传统工艺制作工序复杂，大多是纯手工制造，存在很难实现量产、价格较高等问题。这就需要建立非遗项目、产品与文化旅游市场的桥梁，打通市场环节，丰富文旅产品市场。创新非遗产品生产，提供多种形式、多种档次的产品，扩大销售渠道，降低成本与销售价格，降低购买门槛，让消费者既喜欢又买得起。同时，更新产品形式，使之与现代人审美相适应，保障市场需求得到有效满足。将非遗融入旅游活动中，通过博物馆展示、歌舞演艺、戏曲服装道具使用、手工艺品制作体验等方式，使游客能够近距离地参观、认识、体验非遗项目。[①] 此外，发挥网络传媒优势，突破时间与空间的限制，通过制作非遗文化短视频等方式，在更大的范围传播、再现、展示山西非物质文化遗产的艺术性与文化性，让更多的人了解、认同、喜欢非遗。

第二节　影视文化旅游

　　影视文化旅游是人们受到影视作品及相关要素的吸引而前往与之相关的地方进行参观、访问的旅游活动，也称为"引致旅游"。游客通过参观、

---

① 李江敏，李薇.非物质文化遗产的旅游活化之道［J］.旅游学刊，2018，33（9）：11-12.

体验影视作品幕后的拍摄环境、制作过程以及相关影视衍生资源，从而满足艺术追求和猎奇心理需求。2015 年，国际电影专员协会（Association of Film Commissioners International，简称 AFCI）在关于影视旅游的年度会议中指出，全球电影产业收益约每年 880 亿美元，旅游收益约每年 12000 亿美元，其中受影视作品影响产生的旅游收益约占 20%，即 2400 亿美元。影视文化旅游日益成为一种深受大众欢迎的旅游方式。

一、影视文化旅游类型

影视文化旅游从早期以游览影视拍摄基地为主，逐步拓展到涉及影视创作的全方位、全过程。旅游产品也更具多元化，从单一、静态发展为丰富多样和充满参与、互动的旅游活动，文化性和娱乐性都大大增强。经过多年的探索与发展，形成了多种类型的影视文化旅游。

1. 影视外景地旅游

影视作品的拍摄往往涉及大量外景地。这些外景地多拥有自然的美丽风光和独特的民俗风情。如张艺谋拍摄的《十面埋伏》中侠客在薄雾笼罩的竹林中穿梭的画面拍摄于重庆风光秀丽的茶山竹海国家森林公园。姜文导演并主演的作品《让子弹飞》中的"鹅城"取景于广东开平碉楼。该多层塔楼式建筑集防卫、居住和中西建筑艺术于一体，是世界文化遗产地之一，同时还是"广东最美的地方，最美丽的民居"，极具乡土韵味。影视作品所呈现的外景拍摄地随着影视作品的播出被观众了解，影视情节的情感共鸣驱使很多人愿意亲临现场，体验影视作品中的情境，甚至很多原本并不热门的地方在影视的助推下摇身成为热门的旅游地。

2. 影视基地旅游

除了天然形成或历史形成的外景地，由人工打造的影视基地也是重要的影视拍摄地。我国影视基地最早起源于 20 世纪 20 年代各大影业公司的片场、摄影棚和外景地，三四十年代在上海、长春等地初见雏形，起初主要用于影视剧拍摄制作。随着电影产业的发展，影视作品产量不断增加，资金投入越来越大，有力带动了影视基地的发展。依托影视基地，围绕影视文化，推动观光旅游，逐步形成了影视文化旅游的新业态。国家 5A 级旅游景区浙江横店是国内最大的影视拍摄基地，被称为"中国好莱坞"，也是国家文化产业创新试验区。该基地是为配合著名导演谢晋拍摄历史巨片《鸦片战争》而建，此后《鸦片战争》《英雄》《无极》《雍正王朝》《画皮》《西游·降魔篇》等众多影片在此基地完成取景拍摄。目前，横店影视城已拥有近 4000 个影视 IP，1996 年以来，已建成广州街·香港街、明清宫苑、秦王宫、清明上河图、华夏文化园、明清民居博览城、梦幻谷、梦泉谷、屏岩洞府、大智禅寺、红军长征博览城、中国革命战争博览城、民国城、春秋·唐园、圆明新园、梦外滩影视主题公园等 30 多个跨越几千年历史时空、汇聚南北地域特色的影视拍摄基地和 130 多座摄影棚。[①] 横店影视基地将影视文化与旅游的融合作为核心发展目标。横店的产业特色成为其影视文化品牌打造的根基所在，旅游业的蓬勃兴起也为横店的可持续发展带来了资金保障，使其成为集影视文化、休闲旅游与度假为一体的综合旅游度假胜地，有效实现了影视与旅游的共赢发展。

3. 影视故事发生地旅游

影视作品所讲述故事的发生地即使并非作品的拍摄地，也能够成为影视文化的旅游地。比如，根据彝族撒尼人的同名民间叙事长诗改编的中国电影史上第一部彩色宽银幕立体声音乐歌舞片《阿诗玛》，讲述了美丽的姑娘阿诗玛与勇敢的青年阿黑不畏金钱权势，勇敢追求爱情的故事。该片展现了云南石林的美丽风光，以及火把节里富有浓郁民族特色的风俗。影

---

① 陈巧颖. 横店影视城入选省"耀眼明珠"培育对象［N/OL］. 东阳日报，2021-01-08［2023-03-28］. http://dyrb.zjol.com.cn/html/2021-01/08/content_1093337.htm.

片的公映引起了巨大轰动，成为几代中国观众的共同记忆。很多观众认为拍摄地是云南，实际上影片中大部分镜头在浙江缙云取景。人们从电影中认识了石林，记住了美丽的阿诗玛。从此，石林成为云南著名的旅游向往地。再比如，随着 2020 年电影《八佰》的热映，曾经上演四行仓库保卫战的四行仓库成了上海最热门的旅游打卡地之一，游客争相前往实地了解历史、缅怀先烈。四行仓库抗战旧址的每日客流量相较于电影上映前迅速增加，一度达到限流人数上限。

4. 影视节事旅游

德国柏林、法国戛纳、意大利威尼斯等地都因为享誉全球的电影节而名声大噪，成为著名的旅游胜地。影视节事是影视艺术的盛会，并逐步发展成热门的文化旅游。影视明星的会聚以及各种活动的举办吸引了众多游客，特别是大量影迷到现场体验影视文化、近距离接触影视明星，由此带来了庞大的消费需求和市场空间，极大促进了当地文化旅游的发展，推动着城市品牌的建立与传播。以戛纳国际电影节为例，电影节期间约有 20 万人蜂拥而至，直接带来的就业岗位有 3000 多个，有效带动了住宿、交通工具租赁、餐饮、观光等相关旅游行业，创造的直接经济价值和间接经济价值达上亿欧元。

5. 影视博物馆旅游

博物馆集人文、科学、艺术于一体，具有艺术欣赏、科学研究、教育推广、文化传播等功能。由于人们生活水平的提高，旅游品质升级，增长知识、开阔眼界的需求快速增长，博物馆的旅游功能日渐明显。影视博物馆以影视文化为旅游资源，使游客对影视业的发展历程、制作特技等有全面的了解，吸引了众多游客参观游览，感受博物馆中浓厚的影视文化氛围。国家级电影专业博物馆——中国电影博物馆内收藏电影拷贝、手稿、电影海报和电影器材等珍贵藏品 4 万多件，全景式、立体化、系统性地呈现了中国电影各个阶段的发展历史和电影制作技术。游客身处其中，不仅可以见证各类历史实物、了解我国电影发展的历史、认识电影科技发展、电影幕后鲜为人知的故事，而且有机会亲身体验电影制作的过程，感受电影带来的乐趣。

二、影视文化旅游特点

各类影视作品的形式、内容非常丰富，场景、人物、背景等相关元素多样，为影视文化旅游发展奠定了良好的基础，相较于其他文化旅游模式有着非常明显的特点。

1. 影视作品受众范围广泛，对旅游地宣传效果好

影视作品具有极强的传播功能，对旅游地的宣传速度快、范围广、表现力强，能有效提高旅游地知名度，对旅游地的带动作用显著。电影《少林寺》曾让中国的少林寺走向世界，电影《魔戒》让新西兰小镇名扬海内外。和广告等传播方式相比，和影视作品融为一体的旅游宣传有效避免了人们对广告的抵触，起到了"润物无声"的宣传效果。

2. 展示丰富文化内涵，增强旅游吸引力

影视作品与旅游资源连接，影视作品突出鲜明地展现了旅游地的自然风光、历史文化和民族风俗，同时还附加了影视作品本身的文化品牌，有利于旅游主题的打造，形成独特的旅游形象，进一步强化旅游地的文化吸引力。影视文化旅游将影视中虚拟的非现实世界在现实中呈现，赋予大众一种情感认同，能够让游客切身参与和体验不一般的视觉冲击和情感震撼，刺激旅游欲望，直接影响旅游动机和决策。

3. 影视文化在推动文化旅游发展的同时，也有可能产生一些消极作用

由于影视作品的热播，短时间内游客数量急速增加，造成旅游承载力下降，景区压力增大，游客体验下降；一些剧组缺乏环保意识，存在违规

搭建和没有及时清理、恢复等情况，导致拍摄地的环境被破坏，甚至出现了无法弥补的损失。这些问题无疑是发展影视文化旅游应加以重视并努力避免的。

三、山西影视文化旅游状况及趋势

山西影视文化旅游起步较早，主要是将传统旅游地作为影视拍摄地，通过影视作品的传播带动旅游发展。以位于山西省祁县的乔家大院为例，作为晋商文化典型代表的历史建筑遗迹，乔家大院虽历经沧桑，但保存完整，具有历史文化景观原真性强的特点。张艺谋导演的《大红灯笼高高挂》在乔家大院取景，电影充分展现了乔家大院的古朴。随着电影的热映，乔家大院变得家喻户晓，游客数量大幅增加，直接带动了当地旅游井喷式发展，产生了惊人的旅游经济效应。在由陈建斌和蒋勤勤主演的电视剧《乔家大院》中，乔家大院不仅是影视拍摄地，也是故事发生地。作品充分展现了晋商乔家的商业发展历史，增强了旅游吸引力，再次掀起了旅游热潮。随着影视产业与山西旅游产业的融合凸显出巨大的综合效应，影视文化旅游逐渐受到很多地方和政府的重视，并建立多个影视基地。如常家庄园承接了《白银帝国》《亮剑》《大槐树》《狼毒花》等影视剧的外景拍摄，影视对景区旅游的宣传广告效应更加明显。

除了不断深化影视拍摄地和故事发生地旅游模式，近年来，山西还积极拓展影视节事旅游模式，成效显著。2017 年，由山西籍著名导演贾樟柯参与创办的平遥国际电影展在拥有 2800 年历史的平遥古城正式举办。目前，平遥国际电影展已经发展成第五个获得国家批准的国际电影展。该影展旨在发现并积极推广新兴及发展中国家青年导演的优秀作品，增强各国电影工作者的交流，激活、繁荣电影创作。平遥国际电影展进一步丰富了平遥文化旅游的内容，每年吸引成千上万的电影爱好者聚集平遥，共襄电影盛举。2018 年，第四届成龙国际动作电影周在山西大同举办，大量导演、演员参加，吸引了影迷、游客等纷至沓来。成龙还带领全球影迷在大同开展丰富多彩的文化体验活动，同时积极开展古长城保护计划等活动，使电影周成为一场文化旅游盛会。此后，在大同先后举办了第五届、第六届电影周。大同作为山西第二大城市，拥有丰富的文化旅游资源。电影周的举办，有效带动了大同的旅游市场，提升了大同的知名度。成龙国际动作电影周已经成为大同乃至山西文旅的一张名片。

山西越来越多的地方正依托特色文化资源，从原来被动、无意识地被选为影视拍摄地，走向主动、有意识地运用影视作品的相关因素所带来的旅游吸引力来发展旅游。影视和旅游产业的融合从个别环节向全面融合发展，山西逐步走出了自己的特色发展之路。同时，山西应该清醒地认识到，影视文化旅游在发展过程中仍然存在游客参与体验感不高、旅游开发过度商业化、缺乏自主 IP 等诸多不足，还需围绕产品开发等方面深化影视文化与旅游的进一步融合。

1. 挖掘应用好影视 IP，丰富影视旅游产品

影视作品是影视文化旅游发展的前提，必须打造一流的影视作品，以此形成影视文化吸引力。山西悠久的文化历史孕育了杨家将、赵氏孤儿、晋商创业、东渡黄河等数不尽的故事题材。通过深入挖掘历史文化遗产，将文化资源开发与影视有机融合，创作更多的具有山西特色、反映山西文化的优秀作品，是推动山西影视文化旅游的重要基础。

目前的影视文化旅游基本以走马观花为主，游客很难参与其中，体验影视拍摄的全过程。当今是体验经济时代，游客更加注重参与过程的享受，从而得到精神的享受，留下难以忘怀的记忆。因此，在影视文化旅游开发过程中，应重视游客的需求，增强游客的体验参与性。开发具有针对性的旅游产品，丰富旅游内容，让游客参与影视节目制作的全过程，参观拍摄现场，了解后期制作，甚至承担角色，亲身体验拍摄过程，将单一的静态

观光变为动静结合，增强影视文化旅游产品的吸引力。

同时，影视产业跨界文旅的过程也是影视产业延长产业链的过程，深度开发与旅游相关的影视衍生品是其中重要的一环。与一般的影视衍生品相比，旅游类影视衍生品作为旅游商品，除了围绕影视核心主题，还需要和旅游地充分结合。这对于山西来说就是要体现山西的文化旅游资源特色，形成具有山西独特风格的影视衍生品，从而扩大旅游收入来源。

2. 深化文旅融合，打造文旅 IP

"影视＋旅游"本质上是一种流行文化引发的旅游现象，具有一定的时效性。旅游地如果仅仅依靠影视所带来的热度，不能深入挖掘自身文化旅游资源，将影视 IP 延伸为文旅 IP，影视带动的旅游效应终将会被透支，影视文化旅游难以形成持续发展的动能，最终逐步衰退。20 世纪 90 年代，凭借老版电视连续剧《三国演义》热播所形成的"三国"热潮，太原市清徐县耗时 3 年于 1995 年建成三国城，并正式对外开放。然而，两年后，景区便荒废了，成为荒草丛生的空城。三国城的建造本是利用"罗贯中故里"这一资源开发影视文化旅游，但相较于中央电视台为拍摄《三国演义》在无锡影视基地所建的三国影视城以及白帝城、赤壁等旅游景区，清徐既不是影视拍摄地，也不是故事发生地，本身就缺乏先天优势，再加上后天对"罗贯中故里"这一文化资源缺乏深度挖掘。此外，文化体现也不合理，三国城采用了明清宫殿风格，与汉魏建筑风格格格不入，这不免给人以时空错乱之感，加之缺乏整体旅游规划、经营不善，衰落也就成为必然的结果。

发展影视文化旅游就是要发挥影视文化对旅游价值链的渗透、辐射和延伸。依托山西丰富的特色资源和历史文化，以影视为表，以产业为里，以文化为魂，促使旅游产业价值链增值，使影视、旅游、文化融为一体，打造出自己的文旅 IP，把影视的短暂拉动效应转化成较长的旅游兴奋点，才能使山西影视文化旅游实现可持续发展。

运营好以影视 IP 为延伸的旅游 IP，要遵循产业开发规律，完善配套的基础设施设备，不断提升文化形象，形成持续化传播优势，避免过度开发，避免与游客期望的形象产生落差。2019 年 7 月 31 日，文化和旅游部决定取消乔家大院 5A 级景区资格。根据调查报告显示，过度商业化成为本次摘牌的重要原因：景区内购物场所数量较多、面积较大；出口区商业街存在假货泛滥、未明码标价等问题；广告较多，影响景区旅游氛围营造和品质的提升。[①] 原本一个安逸寂静的老宅子，变成了喧嚣的大街，让前来参观的游客无法安心欣赏，文化旅游的氛围消失了，景区旅游形象与以乔家为代表的晋商所奉行的"诚信至上，以义制利"的经营理念格格不入，严重影响了游客的体验感。事情发生后，虽然当地积极进行了整改，但已经造成的不利影响短时间内难以消除。这为山西影视文化旅游健康发展提了个醒，需要认真反思，吸取教训。

3. 抓住互联网发展浪潮

随着网络环境进一步优化，移动智能设备大范围推广，短视频、直播等新媒体领域呈现出了迅猛发展的态势，正在深度改变我们的生产生活，对旅游的带动作用愈加明显，人们的旅行习惯也随之悄然改变。出游前，查看短视频做攻略；旅游时，拍视频分享经历和经验。一大批"网红城市""网红景点""网红旅游线路"在互联网迅速蹿红，吸引了大批旅游者前来。千年古城西安，借助抖音短视频平台，变成"新晋网红"，吸引着更多海内外游客前来游玩。西安市旅游发展委员会早在 2018 年就积极借助抖音等平台开展旅游宣传推广活动。在短视频的助推下，西安大唐不夜城、钟楼各大旅游景点持续火爆。很多游客都是冲着摔碗酒、毛笔酥、《西安人的歌》这些网红视频内容到西安一探究竟。携程发布的《2021 端午假期旅行大数据报告》指出，西安已跻身全国十大热门目的地城市。

短视频成为一种新的社交方式，每个人都可以拿起手机随时随地记录自

---

① 乔家大院被摘牌背后：网红景点 33 年的是是非非［EB/OL］.（2019-08-17）［2023-03-29］. https://baijiahao.baidu.com/s?id=1642085761825897631&wfr=spider&for=pc.

己的所见所感，具有成本低、传播范围广、速度快的特点。一条短视频只有十几秒，装不下宏大叙事，却恰好能塞下微小可感的细节，可以更直观地呈现风土人情与文化内涵，在旅游地宣传方面发挥了巨大的作用。正因为如此，越来越多的景区开设了自己的短视频账户，短视频形式与内容更加趋于专业化。同时，旅游运营方应该清醒地认识到，直播、短视频只是帮助游客了解旅游地信息的工具，特色资源、旅游产品、文化底蕴才是吸引游客的根本原因。

第三节 演艺文化旅游

旅游演艺兼具文化和旅游双重属性，作为文化输出、表演活动的一种新形式，以游客为主要受众，依托旅游目的地，往往与当地历史、民俗文化等结合进行深度演绎，通过歌舞、音乐、戏剧和曲艺等演出形式创造性地表现特定区域内的风土人情、山川地貌以及民族特色。旅游演艺将地域文化与现代科技、艺术形式相结合，活态化、沉浸式展示文化，让文化变得更加亲近可触，丰富了游客的深度体验，实现了体验价值的转化，成为游客深度了解地方文化的有效途径。

一、演艺文化旅游发展背景及特点

我国旅游演艺行业从 20 世纪 80 年代开始萌芽。1982 年，陕西省歌舞剧院古典艺术团在西安推出《仿唐乐舞》，主要用于外事接待。2004 年，首部实景演出项目《印象·刘三姐》正式公演。[①] 随着经济效益及社会效益

---

① 宋城演艺，凭借"主题公园 + 演艺"成为国内旅游演艺绝对龙头［EB/OL］.（2019-06-17）［2023-03-29］. https://www.xcf.cn/article/df277b90d111e9bf6f7cd30ac30fda.html.

日渐显现，"印象系列""又见系列"等各类旅游演艺项目呈井喷式涌现。据统计，仅从 2013 年到 2017 年，我国旅游演艺场次增长了 61%，观众人次增长了 145%。[①]旅游演艺的演出形式已由原来简单的剧院式演出发展为实景演出以及互动式高科技演出等多种形式，出现了大量借助山水实景、移动式舞台、沉浸式舞台等崭新形式的旅游演艺作品。2019 年，文化和旅游部出台了首个促进旅游演艺发展的文件——《文化和旅游部关于促进旅游演艺发展的指导意见》，提出了支持旅游演艺发展的一系列政策措施，明确将推进旅游演艺的转型升级作为首要任务。旅游演艺以创新性的文化展示方式为旅游地的发展注入了生机与活力。

首先，旅游演艺与传统演艺相比，更加注重本土文化资源的开发，依托文化优势，将文化融入演出中，充分体现了地方文化特色，提高了市场识别度。大众文化、审美水平的提高使得演艺越来越受欢迎，良好的旅游演艺品牌塑造更有助于旅游地文化品牌形象的树立。例如杭州宋城景区大型歌舞《宋城千古情》，以南宋时的都城临安府（今杭州）为主要背景，演绎了从远古的良渚文化、南宋皇宫的辉煌、岳家军的历史典故、《白蛇传》的神话传说，到现代的魅力之都，将杭州独有的文化历史呈现出来，带给游客极大的视觉冲击力和心灵震撼，有效彰显和传播了杭州的旅游形象。

其次，旅游演艺在聚集游客的同时，有效带动了经济发展。相较于其他旅游内容，很多旅游演艺项目时间安排在了夜晚，突破了多数旅游内容受到的时间限制，形成了旅游夜经济模式，带来了新的利润来源，同时有效留住了游客，延长了其在旅游地的停留时间，从而产生了住宿、餐饮、购物、交通等多方面的溢出效应。此外，旅游演艺为旅游地居民提供了多种就业岗位，增加了大量的就业机会，能有效促进区域就业，提高居民收入水平。

① 旅游演艺 发展正当时［EB/OL］.（2019-03-29）［2023-03-29］. https://baijiahao.baidu.com/s?id=1629307403828190931&wfr=spider&for=pc.

二、山西演艺文化旅游状况及趋势

近年来，山西围绕演艺文化旅游，进行了积极而有益的探索，结合地域文化特色陆续打造了《又见平遥》《如梦晋阳》《再回相府》《又见五台山》等一批富有特色的现代旅游演艺作品。以《又见平遥》为例，该剧讲述了清朝末期，平遥古城票号东家赵易硕抵尽家产，从沙俄保回了分号王掌柜的一条血脉。赵东家与同兴公镖局的 232 名镖师同去沙俄。7 年后，赵东家连同 232 名镖师全部死在途中，而王家血脉得以延续。整个演出表现了平遥人的传统道德和道义精神。《又见平遥》自 2013 年在平遥正式公演，好评如潮、有口皆碑。据统计，截至 2020 年，《又见平遥》累计接待中外观众 388 万余人次。2019 年，全年接待观众 69 万余人次，场均上座率达 98%。

除了立足传统历史文化，现代红色文化也成为山西旅游演艺的重要题材。山西武乡是全国著名的革命老区，也是国家红色旅游重点县。山西文旅集团发挥武乡独特的红色资源优势，在原有实景剧《太行山》的基础上进行升级改版，推出了我国首部红色实景演艺项目《太行山上》。全剧演出时长 80 分钟，其中行浸式观演 40 分钟，分为太行、村庄、旗帜、土地四个篇章，还原出一幅幅使人强烈震撼的太行军民浴血奋战、共同抗日的抗战历史画卷[①]，充分展示了太行红色文化的独特魅力。该演艺项目与八路军文化园、八路军纪念馆等共同构成了武乡红色文化旅游的主体，对红色文化的传播起到了积极作用。

演艺文化旅游正成为推动山西文旅融合深化的重要途径，但还存在文化资源挖掘不够，精品项目数量较少，很多项目演艺水平还需提高等一系

---

① 郭志清，朱萌.红色主题行浸式实景演艺《太行山上》在山西武乡首演［N］.农民日报，2021-08-02（6）.

列问题。随着演艺文化旅游市场的持续升温，山西面临着巨大的发展空间。

1. 因地制宜，打造旅游演艺精品项目

依托山西各地特色文化资源，开发优秀的旅游演艺产品，真正体现山西历史文化，弘扬优秀传统文化，讲好山西故事，打造山西演艺文化旅游的核心竞争力。文化是演艺文化旅游的灵魂，只有挖掘文化内涵，才能推出底蕴深厚、特色鲜明的旅游演艺精品项目，实现创造性转化、创新性发展。山西各地区的文化资源优势具有差异性，如晋北有以大同为代表的北魏文化、晋中有以平遥为代表的晋商文化、晋南有以临汾为代表的黄河文化等，各地应充分结合自身文化底蕴和经济实力创新本土的演艺文化旅游项目，在各具特色的同时，又有助于形成山西整体的演艺文化旅游市场。政府层面则须整体规划，通过出台政策、市场监管等方式，合理引导，避免跟风模仿、盲目扩张、扎堆聚集、恶性竞争等现象。

2. 科技创新，打开演艺文化旅游新空间

数字化、大数据、智能化等以互联网为代表的新技术发展为旅游演艺创新发展提供了支撑，创意与科技深度融合催生、培育出更多的旅游演艺新模式。西溪湿地·洪园景区的旅游演艺项目《今夕共西溪》，以"中国自然保护地文化保护传承示范项目、中国文化复兴示范项目、中国文旅融合示范项目"为定位，创造性地打造了可360度旋转的观众看台，可升降、旋转、移动、双面成像的透明屏，可水中升降的云雨装置等，应用艺术灯光、喷泉、雾森、全息投影、仿真技术、多媒体控制等高科技打造的全息声实景演出剧场，让观众得到真正的沉浸式体验。山西在打造演艺文化旅游的过程中要充分重视新技术的创新应用，一方面，应注重数字技术、交互体验、观演互动、智能演艺、舞台灯光音响机械技术等领域的研发创新和装备提升，让游客能够获得新奇体验；另一方面，创新利用大数据、虚拟现实技术等，创新旅游演艺新业态，深化融合，丰富演艺旅游市场。

3. 环境保护与人才培养，奠定演艺文化旅游持续发展基础

在演艺文化旅游开发过程中，往往容易对生态环境造成影响和破坏，特别是以实景为背景的演艺项目，舞台搭建、垃圾处理等会对当地生态环境造成不良影响。因此，景区须格外注意对生态环境的影响，做到开发与保护并重，自然与人文相互结合、相互促进。除了自然生态环境，社会文化环境保护也是环境保护的重要组成部分。良好的社会文化氛围构成了旅游演艺的人文环境。人文环境与演艺项目所体现的文化内涵相呼应，才能更加具有旅游吸引力，增强游客的体验感，促进文化与经济协同发展。

文化演艺旅游虽处于起步阶段，但发展迅速，对复合型专业人才（既要掌握丰富的文化、演艺等知识，又需具备旅游开发、演艺运营等能力）的需求明显。目前，现有人才供给滞后，无法充分满足产业发展需要，缺口较大，这成为制约山西省文化演艺旅游健康发展的重要因素。因此，相关部门必须注重优秀人才培养与引进，打造高质量人才队伍，为产业发展提供保障。一方面，相关部门通过与相关院校合作等方式，订单化培养人才，形成人才的持续供给；另一方面，加大对现有人员的培训，提高队伍质量，引进高层次人才，特别是拥有高水平、经验丰富的文旅从业人员，进一步优化人才结构。

第四节　文化主题公园旅游

主题公园是围绕一个或几个主题规划建造，结合了景观、环境、游乐设施、表演和展览等内容的综合性休闲娱乐场所。[①] 主题公园是从游乐园演变而来，通过创造具有主题特质的环境氛围和项目，吸引游客前往公园享

---

① 钟士恩，张捷，李莉，等.中国主题公园发展的回顾、评价与展望［J］.旅游学刊，2015，30（8）：115-126.

受各类游乐实施、开展旅游活动，从而获得休闲及文化体验。如好莱坞的环球影城就是以影视文化为主题，汇集众多刺激有趣的娱乐项目来招徕旅游者。在影城，游客可以在《侏罗纪世界》里激流勇进；置身于《变形金刚》中威震天、擎天柱、大黄蜂之间的殊死决战；坐上《木乃伊》复仇过山车进行一趟令人毛骨悚然之旅；探寻经典电影幕后的历史布景，了解电影特技表演、特效制作；等等。在电影文化的世界里，大量沉浸式的体验让人惊叹不已。作为影视衍生产业的重要一环，环球影城正是基于 IP 的不断更新，使得自身的价值不断提升，从而拥有不竭的生命力。主题公园旅游突破了旅游资源依赖型开发模式的局限，呈现出蓬勃发展的态势，已经成为旅游市场中的重要组成部分。中国已成为全球游客量最大的主题公园市场。

一、文化主题公园旅游发展背景及特点

一般认为，主题公园最早可追溯到 1952 年兴建的荷兰马德罗丹小人国。此公园开创了世界微缩景区的先河，成为主题公园的鼻祖。1955 年，加利福尼亚迪士尼乐园开幕，极大地改进了游乐方式，将电影和动画主题融入游戏项目当中，成为世界上第一个现代大型主题公园。随着迪士尼乐园的大获成功，许多企业开始纷纷效仿。由此，主题公园旅游在全球范围内逐步兴起，发展成一种流行的旅游形式。

在我国，主题公园发展快速。从 1989 年中国第一家主题公园——锦绣中华诞生，到 2016 年上海迪士尼度假区开园，再到 2021 年北京环球影城正式向公众开放，我国进入了主题公园的时代。北京欢乐谷、华强方特主题乐园、广州长隆欢乐世界、常州中华恐龙园等一批主题乐园如雨后春笋般纷纷崛起。从 20 世纪 80 年代发展至今，主题公园在我国蓬勃发展，目前已形成了数量众多、类型多样的格局，基本涵盖了历史文化、影视文化、民族风情、微缩景观、神话传说、休闲游乐等各种主题。中国主题公园研

究院等发布的《2022 中国主题公园竞争力评价报告》显示，在 2021 年综合竞争力排名中，上海迪士尼乐园保持第一位，珠海长隆海洋王国位列第二。我国的主题公园发展经历了从最初模仿国外成熟的主题公园模式，借鉴先进的设计和运营理念，到后来开始依托中国优秀传统文化，打造具有中国特色、中国风格，承载着优秀历史文化的主题公园的过程。1998 年正式开放的宋代历史文化主题公园——清明上河园，位于中国著名八朝古都河南开封，占地 600 余亩，建设有城门楼、虹桥等大量仿古建筑，再现了北宋著名画家张择端传世之作《清明上河图》中宋代都城汴京的历史风貌、人文环境，还设有"岳飞枪挑小梁王""大宋·东京保卫战"等实景演出项目，形成了极富中国特色的文化主题公园发展模式。

得益于良好的城市环境、便捷的公共交通，以及设备、技术创新，随着国内文旅消费市场向品质化转型，主题乐园的发展对旅游产业的拉动和文化知识的传播起到了积极作用，并受到越来越多游客的青睐。艾媒咨询数据显示，2021 年，中国 82.3% 的网民表示去过主题乐园游玩，41.6% 的网民表示自己半年去 1—2 次主题乐园。[①] 主题公园相较于一般休闲公园的不同之处在于其所具有的独特主题文化魅力，给游客感官体验的同时，满足了精神需求。但是，很多主题公园属于粗浅型的文化旅游开发项目，重娱乐、轻文化，未能以文化主题为主线贯穿于整个公园的各个方面，缺乏深度融合，无法使游客置身其中深刻地感受文化资源自身的魅力和价值，对游客的吸引力变得越来越弱。此外，主题公园没有形成成熟的产业链，盈利模式单一，主要依赖门票收入，衍生产品销售市场有限，加之文化主题公园具有高投入、高回报、高风险的特点，运营难以持续也就不难理解了。中国主题公园研究院在上海发布的《2021 中国主题公园竞争力评价报告》显示，截至 2019 年

---

① 程依伦.北京环球影城爆红背后，主题乐园如何推动城市经济发展？［EB/OL］.（2021-09-24）［2023-04-01］. https://baijiahao.baidu.com/s?id=1711783564154719658&wfr=spider&for=pc.

底，中国有 339 座主题公园。其中，25% 亏损，22% 持平，53% 盈利（经营性）。由此可见，以设施为用，以文化为魂，不断创新，谋求品牌价值最大化，才是全球主题公园生存和发展的共同逻辑。

二、山西文化主题公园旅游状况及趋势

山西主题公园发展起步较晚，正在成为旅游供给市场的重要组成部分。大同方特欢乐世界、乌金山欢乐谷、孝义梦幻海水上乐园、祁县千朝浪屿水世界等主题乐园纷纷亮相三晋大地。巨大的游客量和强劲的旅游消费能力在一定程度上拉动了周边地区酒店度假、旅游商店、金融服务等产业的发展。以太原方特东方神画为例。该主题公园位于太原市阳曲县，占地近40 万平方米，总投资 30 多亿元，设计年游客接待能力超过 300 万人次；以中华历史文化传承为主题，融合神话传说、历史典故、民俗风情和太原特色文化，通过全新的内容创意，运用动感球幕飞行影院、全景式 AR、综合立体轨道、4D 动感特效、程控魔砖等领先科技，融合真人演绎等多种表现手法，让文化和科技相融合，将历史文化打造成可沉浸体验、可传播分享的新型艺术展演；以参与、体验、互动的方式，让游客化身历史人物，走入神话、历史故事，为游客创造出了一个纵穿古今的东方传奇世界。游客可以体验"女娲补天""牛郎织女""梁祝""孟姜女""水漫金山""九州神韵""神画""成语童话""大禹治水""昆仑探秘""勇闯鹿族"一系列独具创意的高科技特色文化主题项目，感受华夏历史的悠远厚重，体验现代科技的精彩绝伦。2022 年春节假期期间，太原方特东方神画接待游客 5.83万人次 [①]，成为热门的网红打卡地。该主题公园的建设与周边旅游景区形成叠加效应，使阳曲县成为区域文化旅游休闲中心，有效促进了太原经济发

---

① 太原春节假期接待游客 252.47 万人次［EB/OL］.（2022-02-07）［2023-04-01］. https://baijiahao.baidu.com/s?id=1724105066057593052&wfr=spider&for=pc.

展及山西文化旅游产业升级。山西文化主题公园发展在取得一定成就的同时，仍面临巨大的挑战，应采取有效措施积极应对。

1. 明确主题定位，彰显特色文化

目前，山西主题公园多以提供刺激的游乐设施和机动游戏的游乐型主题公园为主，如欢乐谷、水上乐园等，文化类主题公园数量较少。已有的文化主题公园，一方面大多缺乏明确且差异化的文化主题，特色不足，同质化竞争情况普遍；另一方面内容设计缺乏创意，以静态观光为主，参与、交互体验感不足，难以形成强烈的吸引力，降低游客的重游率。文化旅游主题公园是围绕某一特定的文化进行旅游开发而形成的。因此，文化主题选择至关重要。成功的主题公园无不具有充满吸引力且个性鲜明的文化主题，如深圳锦绣中华成功创造了"一步迈进历史，一日游遍中国"的旅游神话。文化主题的选择源自对文化资源的认识与挖掘。山西厚重、丰富的历史文化为文化主题的选择提供了良好的文化资源基础。坚持因地制宜的原则，结合山西本土实际，利用好山西文化元素，发扬本土文化特色，无疑是山西文化主题公园突围的重要路径。只有通过对山西本土历史、名著、故事、传说、神话等文化资源的挖掘，凝练出经得起历史检验、文化检验、市场检验的文化主题，以文化自信塑造特色鲜明的主题形象，山西主题公园才能拥有核心竞争力。

选择合适的文化主题仅仅是基础，更需要将文化主题进行艺术化的包装、活化、创新，增强旅游产品的参与性与互动性，充分展示、传播独一无二的文化内涵，使游客获得高品质的文化体验。一方面，以文化主题贯穿建筑、设施等，形成合理的景观设计，有效承载和展示主题文化，赋予文化新的时代内涵和表达形式。另一方面，促进科技创新，加快技术改造步伐，利用数字仿真技术等高新技术创新娱乐产品，用现代科技手段演绎传统文化，形成对游客的感召力和亲和力；注重智能科技的应用，将数字化手段运用在餐饮、销售、服务等各种场景，提高主题公园服务保障、营销推广、系统维护等运营效率，进一步使游客享受到便捷式舒适体验，使主题公园集文化、旅游、科技、娱乐为一体。

2. 确定合理的规模与选址，充分利用自然气候条件

从规模上来看，我国主题公园按照占地面积以及投资额可以划分为特大型、大型和中小型三个等级；[①] 从游客辐射范围上来看，包括全球性和地区性的主题公园。人口密度及经济发展水平是构成主题公园的需求根基，世界 TOP25（排名前 25 位）主题公园集中于洛杉矶、东京、香港、北京、首尔等地，均为人口密度和人均国民生产总值较高的地区。我国主题公园呈现从东到西梯状减少的地域分布特点，东部沿海地区数量多、规模大，中部次之，西部地区数量少、规模小。主题公园的空间格局基本与人口密度、地域经济发展水平一致。

不断提高的收入水平和不断增强的旅游休闲愿望，以及日益完善的交通基础设施，为山西省主题公园建设提供了基础条件。基于山西人口规模、区域经济社会发展水平、城市化进程等实际情况，应统筹主题公园项目的数量和布局，严格控制特大型主题公园的建设，以大型主题公园特别是中小型主题公园为主，防止盲目发展、重复模仿、同质化竞争，有效防范地方债务等各类风险。具体选址上，在符合土地利用总体规划的基础上，要充分考虑周边人口数量、经济水平、居民收入、消费习惯、交通设施等因素。通常，以主题公园为中心，一小时车程为半径的范围内，人口要至少达到 200 万。因此，就大型主题公园选址而言，省会城市太原更为适合；对于中小型主题公园来说，省域副中心城市长治市、大同市和临汾市更具市场空间。主题公园需要和已有的旅游观光地形成聚集，充分利用旅游资源和市场知名度带来客源，发挥相互促进作用。同时，应合理规划交通、

---

① 国家发展改革委，国土资源部，环境保护部，等.关于规范主题公园建设发展的指导意见［EB/OL］.（2018-04-09）［2023-04-01］. https://www.gov.cn/xinwen/2018-04/09/content_5281149.htm.

住宿、餐饮、购物、休闲娱乐等相关产业和配套实施，文化主题公园在建设过程中要与城市建设有机结合，推进新型城镇化发展。

气候条件也是影响山西主题公园发展的重要因素。地处北方的山西主题公园较南方的主题公园更具有季节性，特别是户外的主题娱乐项目、户外表演的内容受天气的影响更为明显。山西地处中纬度地带的内陆，属温带大陆性季风气候，具有四季分明、光照充足、昼夜温差大、南北气候差异显著的特点：冬季长而寒冷干燥；夏季短而炎热多雨；春季温差大，风沙多；秋季短暂，气候温和。受气候影响，一般来说，每年11月到次年5月为旅游市场的淡季，一些主题乐园会采取冬季闭园或者停用大部分设备的措施，这严重制约了主题公园的营收。为了减小气候条件的影响，一方面山西主题公园要增加室内项目，满足各个年龄段游客的娱乐要求；另一方面要利用冬季的季节特点，开发户外季节性项目，如户外冰雪娱乐项目，使室内外相辅相成，增加主题公园的运营时间。

3. 扩展盈利渠道，创新盈利模式

盈利模式比较单一，门票收入仍然是主题公园收入来源的主体，园内二次消费比重较低。除了消费习惯，有限的多元化的盈利项目也是造成以上情况的重要原因。世界上成功的主题公园主要靠不断提升品牌知名度吸引游客，盈利点除了游乐还有主题公园购物、主题餐饮、主题酒店和主题活动，门票收入只占总收入的一部分，而其他收入才是总收入的主体。山西主题公园要实现可持续发展，必须借鉴成功的经验，探索并形成具有自身特色的商业模式。

山西主题公园要深化文化主题，拓展主题衍生产品，拓展盈利点。通过和玩具企业、服装企业、文创企业等合作，开发系列文化创意产品，彰显文化主题的同时，增加收入来源；积极探索节日经济、夜经济等模式，挖掘利润增长点。充分利用节假日，融入主题文化元素，打造系列活动，如春节期间举办新春灯会及其他传统的新年活动，使游客在园内游玩的同时感受到春节的气息，使传统文化得到展示与传承。通过灯光照明设计及夜间灯光秀、水秀、烟花秀、演艺等活动，突破时间限制，延长游客滞留时间；推动产业联动，打造产业链。在内部，上游对接文化 IP 供应方、游乐设备制造商，下游对接游客。在外部，逐步整合地产、交通、餐饮、零售、演艺、设计等相关资源，形成吃、住、行、游、购、娱完整的产业链，打造多种盈利方式，实现主题旅游、休闲娱乐、消费购物等多产业良性互动和综合发展。

第五节　文化特色小镇旅游

特色小镇并不是行政区划单元上的小镇，而是依赖某一特色产业和地域、生态、文化等特色环境因素，聚焦产业融合而开发的具有明确产业定位、文化内涵、旅游特征和一定社区功能的综合、创新发展空间。与产业园区相比，特色小镇融产业和生活为一体，既有特色鲜明的产业链，又有和谐宜居的生活环境。特色小镇日益成为区域经济和文化发展的新名片，如以特色建筑和温泉资源为核心吸引力的英国巴斯小镇，以轻生活和依云水为代名词的法国依云小镇，以"世界香水之都"闻名的法国格拉斯小镇，以动画片《蓝精灵》为宣传点的西班牙胡斯卡小镇等，虽然它们地域特征与产业布局各异，但都逐渐形成了以产业制造和文化旅游为核心的经济结构，吸引着众多国内外游客前往观光体验。

一、文化特色小镇发展背景及特点

2014 年，浙江率先提出特色小镇，并于 2015 年出台了《浙江省人民政府关于加快特色小镇规划建设的指导意见》，由此开启了特色小镇开发建设的实践探索。2016 年 7 月，国家多部委联合发出《关于开展特色小镇培育工作的通知》，提出以创新、协调、绿色、开放、共享的发展理念，探索特色鲜明、产业发展、绿色生态、美丽宜居的特色小镇健康发展之路。随后，相关的金融扶持政策相继出台。随着政策引导以及资金驱动，各地特色小镇建设密集跟进，特别是在 2016—2017 年，经历了较为狂热的发展期。中华人民共和国住房和城乡建设部先后公布了两批特色小镇名单，第一批 127 家单位，第二批 276 家单位，两批共有 433 个镇成为中国特色小镇。特色小镇的建设为当地经济发展提供了新动能，有效带动了传统产业升级，促进产业机构优化，在新型城镇化建设和新农村建设方面发挥了明显的作用。

随着特色小镇的发展，依托健康、旅游、体育、文化、农业、高科技等多种产业，逐步形成了康养特色小镇、旅游特色小镇、体育特色小镇、科技特色小镇等多种发展模式。其中，文化旅游特色小镇依托文化资源，开发旅游功能，并围绕其进行产业布局、功能配套以及环境建设，最终形成集产业、文化、旅游、社区等多项功能于一体的发展模式。文化旅游特色小镇在数量快速增长的同时，质量发展参差不齐，定位雷同、文化特色不足等问题逐步显现，严重制约了文化旅游特色小镇的持续健康发展。硬件的建设仅仅是开始，文化软件的建设才是关键挑战。没有了文化内涵和产业支撑，文化旅游特色小镇就没有了灵魂。目前，很多小镇建设往往按照地产建设思维，大量建造人造景观，大而划一，与人们希望看到的千姿百态、小而精致的景观相差甚远。过于注重商业化，缺乏文化建设。文化与商业并不是矛盾的，而是相辅相成的。文化为商业提供消费支撑，商业反哺文化培育。但过度的商业化会对小镇的文化性造成巨大冲击，使商业的文化竞争力减弱，后劲不足，只能维持短暂的繁荣。如何在小镇建设中形成特色文化，浙江乌镇的经验值得借鉴。从 1999 年乌镇一期开发东栅，2003 年建设西栅，到 2013 年举办首届乌镇戏剧节、2014 年举办首届互联网大会，乌镇经历了观光小镇、休闲小镇到文化小镇三个阶段。在特色小镇建设中，乌镇以文化立身，以江南小镇为特色，从挖掘和打造古镇的文化 IP、戏剧节入手，逐步从单一的观光式古镇发展成一个集文化、艺术、金融于一体的区域化文化艺术小镇，日渐与国际接轨，成为浙江打造的特色文旅小镇中的经典之作。

二、山西文化特色小镇状况及趋势

山西特色小镇呈现快速发展的态势。在 2016 年第一批全国特色小镇名单中，山西省入围 3 个，分别是晋城市阳城县润城镇、晋中市昔阳县大寨镇、吕梁市汾阳市杏花村镇。在 2017 年第二批全国特色小镇名单中，山西有 9 个特色小镇上榜，分别为运城市稷山县翟店镇、晋中市灵石县静升镇、晋城市高平市神农镇、晋城市泽州县巴公镇、朔州市怀仁县金沙滩镇、朔州市右玉县右卫镇、吕梁市汾阳市贾家庄镇、临汾市曲沃县曲村镇、吕梁市离石区信义镇。山西省拥有大量历史文化名村名镇，为发展文化特色小镇旅游提供了独特的资源，奠定了良好基础。

1. 挖掘民俗文化，构建文化特色

文化特色小镇旅游不仅是一个经济名词，还是一个文化名词，其"特"主要体现在文化特色上。在某种程度上，文化特色小镇旅游的成功并非因为刻意的"打造"，而是由特色文化、自然形态、历史过程、传统风俗、居住群体及生存方式"培育"而成的。在特色小镇的建设中，地方政府应该挖掘地方性、独特性、差异性的文化资源，爱护和善待本地文化基因，将区域特色文化与生产、生态、生活深度融合，从而为小镇的发展注入生命力。只有依托特色文化，讲好文化故事，打造小镇文化 IP，才能形成难以复制的小镇文化品牌，打造文旅特色小镇的核心竞争力。

五千年时光的浸淫，成就了山西特有的民俗文化。民俗即民间风俗习惯，民俗文化起源并发展于民间，是民众所创造、传承的积久成习的社会文化传统，和民众的生活密切相关，具有鲜明的地方特点和深厚的民众基础，是重要的文化旅游资源，具有很高的旅游价值。因此，当地政府应特别注重民俗文化的挖掘。山西发展民俗文化旅游具有得天独厚的资源优势，如产生于祁县、太谷，在晋中等地区广为流传的民间戏曲艺术——祁太秧歌；距今已有4000多年历史的民俗文化艺术——威风锣鼓；入选首批国家级非物质文化遗产的传统舞蹈艺术——翼城花鼓；民间手工技艺——霍州面塑；等等。在小镇开发中融入民俗文化，将自发、散落的民俗文化资源转变为集中度高、辨识度高、价值高的文化资产，有效激发了文化的活力。同时，民俗文化提升了特色小镇的文化内涵，赋予了小镇独特的文化魅力、品质和格调，使其更好地满足游客的审美需求。另外，民俗文化中包含各种独具特色的娱乐活动。有价值的传统民俗和文化习俗与节庆、演艺相结合，丰富了旅游内容，增强了趣味性，使游客在休闲娱乐的同时感受并融入民风民俗。游客通过了解制作工艺，参与民俗活动等，增强了旅游体验感，增加了重复消费次数。位于山西晋城市城区东北部的司徒小镇，是集民俗、美食、文化、创意为一体的"老晋城民俗印象基地，新晋城美食旅游地标"，淋漓尽致地展现了山西的民俗风情。这里每年春节期间接待游客均有百万以上人次，屡次刷新晋城旅游行业新纪录。游客大多来自晋、豫、冀、陕以及长江三角洲地区，奔着山西各地800种美食和300种民俗，特别是晋城市独有的泽州打铁花而来。在这里，游客可以看到舞狮、舞龙、踩高跷、跑旱船等民间艺术表演，还可以领略吹糖人、画糖画、剪纸、画脸谱、烙画、毛猴、泥塑、捏面人等古老的民间技艺的魅力……夜幕降临，1000多摄氏度的生铁水被表演者抛向空中，如天女散花，绚丽夺目，让人叹为观止。

需要注意的是，民俗文化的挖掘并不是各类民俗活动的简单照搬，而是对民俗活动进行再开发、再包装，不断加强产品迭代和功能延伸，增强民俗文化的市场竞争力，满足现代消费者追逐精致的需求的同时提高运营收益。

2. 形成产业支撑，创新发展模式

相较于科技研发、金融创新等类型的特色小镇，文化旅游特色小镇培育时间较长、回报慢，没有支柱性的特色产业必定难以为继。基于山西产业资源特征，农业、健康产业构成了山西文化旅游特色小镇发展的重要产业基础。

"农业学大寨"，闻名于世的大寨镇围绕"农"字做文章，推进现代农业，形成了以菇、果、花、苗木为特色的高效农业发展模式[①]，建成了特色农业产业链。在此基础上，大寨镇大力发展农业观光旅游，增加农业生产的附加值，为游客提供农耕、收获、采摘等农业活动，实现了农业、生产加工与旅游的融合，成为全国农业旅游示范点。

健康产业作为一种新兴产业，在国民经济中的比重不断增长。国务院印发的《关于促进健康服务业发展的若干意见》显示，到 2020 年健康服务业总规模达到 8 万亿元以上，市场潜力巨大。2019 年 10 月，中共中央、国务院印发的《健康中国"2030"规划纲要》指出，应积极促进健康与养老、旅游等融合，催生健康新产业、新业态、新模式。"文旅＋康养"产业发展迎来了重大战略机遇，在未来必将进入一个发展的黄金期。山西位于我国华北地区，属于温带大陆性季风气候，拥有良好的自然资源条件，特别有利于发展以康养产业为基础的"康养＋文化＋旅游"康养文旅。2019年，山西提出了打造"康养山西、夏养山西"的品牌战略部署，加快推动康养产业发展。特色小镇因其所具备的社区功能，成为康养文旅良好的载体。发展康养文旅小镇就是以健康产业为核心，以"文化旅游＋休闲度假＋

---

① 董军，闫世强，郝晓艳.推动山西特色小镇高质量发展的对策研究［J］.中共山西省委党校学报，2021，44（2）：49-53.

康养游憩"融合为目标[①]，有效整合自然生态资源和区域文化资源，涵盖养老、大健康、旅游、文化、商业、地产、餐饮等行业，形成具有良好生态环境的特色小镇。游客远离城市的喧嚣，能够在康养文旅小镇释放身心压力，体验小镇的文化和生活方式，达到升华心灵、愉悦精神的养生目的。

3. 保护绿色环境，打造社区生态系统

文旅小镇的建设应遵循协调、绿色的发展理念，把握好社会效益、生态效益、经济效益的平衡点，避免过度商业化、地产化。加强环境综合治理，结合自然生态规划布局，使小镇在景观设计、建筑风格、资源的利用和保护等方面与生态环境相协调，构建独特的空间景观。发展绿色产业，不断探索出一条集约、智能、低碳的特色小镇建设之路。

特色小镇是一个旅游区、特色产业区，更应该是一个以人为本、和谐融洽、人情温暖的生活社区，生产与生活相融合，产业与就业互动，能够吸引人、留住人，而不仅仅是冷冰冰的产业体和商业体。这就需要不断完善基础设施建设，在彰显文化特色的同时，提供便捷完善的服务设施，形成良好的生活空间。市井百态、寻常生活最具人间烟火气和人情味，让旅游从走马观花型转变为生活居住型，使游客能够享受慢生活、和居民和谐相处、互相尊重，体验当地吃、住、行、游、购、娱，参与当地活动，在休闲时光感受不一样的生活方式。处处有风景，见物也见人，只有人文氛围浓厚、生态风景秀丽、功能完备的文化特色小镇才更具旅游吸引力。

山西特色小镇已经开始积极探索生态化发展，并取得了较好的成果。坐落于晋中市榆次区乌金山镇北部山区小西沟村旧址的小西沟文旅康养小镇，在原来被过度开采的矿山基础上，通过矿山治理、荒山绿化等建设而成，森林覆盖率达95%。小镇以农业、康养和文旅为主要产业，以古镇为载体，融入山西民俗、文化艺术、非物质文化遗产展示、特色餐饮、个性

---

① 黄庆香，董慧敏. 大都市边缘"文旅＋康养"特色小镇建设的理论与探索［J］. 经济师，2021（6）：134，136.

化客栈、客房基地等多种形态，集文化旅游、休闲度假、健康养生于一体。虽然小镇目前产业尚不成熟，周边交通仍不健全，市场知名度还不高，但环境治理、产业构建、文化定位等方面已初见成效，为未来发展夯实了基础，有效带动了周边人群的参与热情，他们依托小镇就业创业的意愿明显提高。

第六节　文化产业园区旅游

文化产业园区是在一定的地理区域范围内，聚集了一系列与文化产业相关联的企业，提供文化产品与服务的创造、生产与销售，整合了生产、消费、创新、投资、服务等系列功能的多功能园区。在园区内集聚的企业间既有激烈的市场竞争，又有多种形式的合作，通过资源共享，能够有效降低成本，提高园区整体竞争力，实现产业集群效应。随着文化产业园的发展，一些文化园区依托某种历史文化集合或时尚文化资源，向公众开放或者设置体验区，能够满足当地居民及游客的休闲、娱乐、文化体验等需求，文化旅游功能日渐凸显。文化产业园区旅游逐步成为文化旅游新的热点，成为一种符合现代需求、具有都市特征的新型业态。

一、文化产业园区的发展背景及特点

我国文化产业园区的建设于 20 世纪 90 年代起步。2009 年，《文化产业振兴规划》出台后，文化产业园区成为政策的落实载体和政府的产业推动抓手，中央及各级政府开始通过更加有针对性的优惠政策引导文化产业园区建设。我国文化产业园的发展经历了三个阶段："大杂院"式的简单地理空间业态集中，以地产（租赁）为主要支撑的初级阶段；园区定位明确，打通上下游产业链，实现产业集聚阶段；整体规划布局，规模优势和集聚效应更加显现，辐射带动能力进一步增强，区域资源要素配置更加合理，产业结构进一步优化升级，全区间合作与交流加强，产业集群形成产业功能区阶段。围绕核心产业，逐步形成了影视文化产业园、电信软件产业园、工艺时尚产业园、设计服务产业园、展演出版产业园、咨询策划产业园、休闲娱乐产业园、科研教育产业园等各具特色的文化产业园区。同时，涌现了一批有影响力的国家级、省市级示范园区。《中华人民共和国文化和旅游部 2020 年文化和旅游发展统计公报》显示，2020 年末，全国共有国家级文化产业示范园区 19 家。

发展文化产业园区旅游在促进要素聚集与产业链分工协作，发挥辐射带动作用的同时，能够有效提升文化创意氛围、改善区域人文环境、拉动文化旅游消费、推动文化旅游发展，从而促进经济转型升级、城市功能优化调整，实现经济社会的全面可持续发展。古都西安将曲江新区确立为以文化产业和旅游产业为主导的开发区，充分依托西安在文化、旅游、文物方面的优势，着力将其打造成陕西文化旅游的标志性区域，同时辐射带动大明宫国家遗址保护区、西安城墙景区和楼观台道文化展示区等区域，有效带动了文化产业、旅游产业和城市建设的协调发展。[①] 2007 年 8 月，曲江新区成为首批国家级文化产业示范园区；2008 年 5 月，曲江新区荣获首届中国文化产业创新奖，成为西安打造"世界人文之都"的重要承载。

随着我国文化旅游的迅速发展，各地各类文化产业园区旅游项目纷纷上马，但由于发展时间较短，仍属新兴事物，暴露出了一些问题，主要体现在以下几个方面。

第一，盲目建设，缺乏合理规划，园区定位不清晰，存在差异性不足、相似重复度高等现象，造成了大量资源浪费、各种行业恶性竞争。"地产 +

---

① 西安曲江新区管委会. 新区概览［EB/OL］.（2023-02-15）［2023-04-04］.
http://qjxq.xa.gov.cn/zjqj/xqgl/1.html.

文化＋旅游"的运营模式较为普遍。这种模式虽然有力解决了文化产业园区旅游建设的资金需求，在推动重大项目的落地实施等方面发挥着重要作用，但同时存在圈地严重的现象。很多开发商打着文化旅游开发的旗号，抢占土地资源，从政府获得大量低价土地开发地产，文化旅游成为名不副实的空壳。

第二，投融资体系不完善，资金来源渠道较为单一。缺乏合理、多样化的盈利模式。产业化水平低，产业链条不完整，没有构建起良性的产业体系，往往主要依靠政府的特殊优惠政策，以买卖或者租赁土地的方式维系，难以形成可持续发展的良好局面。园区入驻企业多以中小企业和民营企业为主，规模小、灵活性强，成为文化创意领域的重要组成部分，但由于其资金有限，难以发挥主导产业和企业的引领作用。运营方大多只是提供地域便利和物业服务，没有真正发挥产业孵化的作用。

第三，旅游开发仍然处于观赏浏览的初级阶段。对园区文化的挖掘和利用还不够深入，多以参观展示为主，旅游参与度低，缺乏深度文化体验；旅游配套设施还不完善，旅游的可进入性有待进一步提高，特别是在吃住行等方面便利性不强；对外宣传不到位，园区产品缺乏旅游属性，没有对游客形成足够的消费吸引力。

二、山西文化产业园区旅游状况及发展趋势

目前，山西文化产业园区旅游仍比较薄弱，尚没有建立起规模大、有影响力的产业园区。如何借助"文化＋旅游＋园区"的模式，推动山西文化旅游融合发展成为山西文化产业园区旅游发展的重要问题，任重而道远。据了解，山西正在建设山西文化产业园区，以山西历史文化为主题，以山西历史、山西名人为主魂，将要建设119个驿站片区，展示山西119个县市辖区不同的历史、人文、民俗、风貌、特产、美食等文化，形成山西文

化的活态博物馆。① 相信，山西文化产业园区的建设将会有效完善山西文旅融合的模式，推动文旅融合发展。山西在发展文化产业园区旅游时应把握以下几个方面。

1. 立足文化资源禀赋，走差异化、特色化文化旅游之路

选好文化主线，挖掘文化内涵，是文化产业园区旅游成功的关键因素。如西安曲江新区的定位是唐文化和秦文化，形成了和谐统一的文化旅游格局。山西有晋商文化、黄河文化、华夏文化等本土特色文化遗产，应立足文化资源优势，提升文化层次，在传承的基础上形成符合时代发展要求的新文化。山西文化产业园区在彰显历史文化内涵的基础上，更要与时代发展相适应，体现当代人文精神，使传统与时尚结合，提升园区的观赏性和展示型，营造出浓郁的艺术氛围，强化产业园区的文化特性。

在发展模式上，山西文化产业园区不能简单复制北京的 798 艺术区、上海的 M50 创意园等著名文化产业园区的成功经验，更需要立足自身的文化旅游资源优势，主要面向旅游市场，侧重于特色民间文化产品的生产、观赏和参与体验，改造提升传统文化业态。坐落于北京朝阳区的 798 艺术区，随着众多的艺术家和文化机构的进驻，更具有国际化色彩，已成为中国当代艺术的展览、展示中心和国内外具有影响力的文化创意产业集聚区，对各类专业人士及普通大众产生了强烈的吸引力。798 艺术区模式无疑是成功的。但这种模式对山西而言不合适。因为一方面，山西不是全国的政治、经济、文化中心，在高端艺术聚集上没有特殊的优势；另一方面，这种模式无法发挥山西本土文化特色。因此，着重发展面向普通大众，对文化产品和服务进行创新生产、销售，具有休闲娱乐、观赏游览功能的文化园区，更符合山西的实际。在园区建设选址上，重点选择具有浓郁传统文化氛围的区域，立足当地资源禀赋和区域功能定位，开发特色文化产业园

---

① 山西省文化产业园"留住山西·隐庐"项目面世［EB/OL］.（2019-12-09）［2023-04-04］. https://www.sohu.com/a/359242856_406633#.

区。比如，清徐是全国四大名醋产地之一，被中国轻工业联合会和中轻食品工业管理中心授予"中国醋都"称号，建设以醋文化为主题的产业园区具有得天独厚的优势。

2. 改造提升传统文化业态，丰富园区文化旅游产品

只有围绕文化主线，通过对文化资源的创新，开发差异化、创意性的旅游项目，充分利用高科技等手段，实现文化活化，才能带给游客差异化、有吸引力的文化产品，有效满足游客的文化体验需求。西安曲江新区在这方面做了很好的探索，依托大唐不夜城、大雁塔北广场、大唐芙蓉园等一批重大文化项目，大大丰富了文化旅游的内容，使游客集聚具备了条件。在此基础上，大唐不夜城凭借绚烂的灯光和精彩有趣的表演，加上短视频的高度传播，迅速火遍全网。2019年，"不倒翁小姐姐"的"神仙牵手"表演将唐朝美人的妩媚娇羞演绎得淋漓尽致，更是为西安文化旅游赚取大批流量。西安从此成为全国乃至全世界数一数二的"网红城市"①，获评全国"春节最火爆旅游目的地"。强化游客体验，创新文化体验模式，使游客不仅能参观，更能深入文化产品的生产过程中。比如，很多民间手工艺制作项目落户文化产业园，可以开辟专门的区域，让手工艺人手把手教授游客制作方法，让游客亲手制作属于自己的个性化产品。

3. 构建多元化的盈利模式

在园区建设初期，"文化 + 旅游 + 地产"盈利模式往往成为产业园区的主要盈利模式。但单一的盈利模式盈利能力有限，应扩展文创产品销售等盈利渠道，创新盈利模式，形成合理有效的盈利模块组合。在追求经济效益的同时，还可以打造新的消费场景，通过建设公益文化教育基地和文化惠民项目、举办系列公益文化艺术活动、免费提供文化设施与文化设备

---

① 2019年前11月西安接待游客2.94亿人次 旅游收入3018.91亿元［EB/OL］.（2022-01-07）［2023-04-05］. http://www.lvjie.com.cn/destination/2020/0107/15666.html.

等方式，提升区域文化氛围，提高群众文化素养，增强群众文化消费能力，提高群众文化消费水平。

4. 构建产业体系，打造特色文化产业集群

明确园区产业定位，构建以旅游产业、文化产业为主导产业，复合其他相关产业，形成较为完整的产业体系。建立准入机制，进入企业应与园区整体产业定位保持一致。转变园区管理模式，做好企业运营服务，搭建企业与政府、行业及市场对接的平台，激发产业园区活力。西安曲江新区的成功，很重要的原因在于组建了曲江文化产业集团、曲江文化旅游集团、曲江文化商业集团等一批大型企业集团，构建了以文化旅游为核心的现代文化产业集群，形成了由文化旅游、影视传媒、会展等产业组成的产业体系，政府制定了涉及金融支持、财税补贴、费用减免等方面的优惠扶持政策，为曲江新区持续发展提供了有力保障。借鉴成功经验，山西在文化产业园区的发展上应努力避免单纯的物理空间的集中，着力发挥产业聚集优势，一方面加大园区内横向业态组合，着力打造园区与企业的产业共同体，另一方面拓展产业链垂直深度，促进产业间合作，在产业耦合作用下形成关联、互补、共生关系，延伸产业链条、拓展产业空间，催生新的旅游业态、旅游产品，打造文化产业园区旅游的核心竞争力。

第七节　文化节事会展旅游

节事和会展在概念、产业形态上都具有较大的相似性和重合度。节事会展旅游主要围绕特定主题，通过举办重大节日和赛事、国际会议以及各种展览会等，将节事会展活动与旅游开发相结合，从而吸引区域内外大量游客前往现场参与、体验。节事会展旅游以节事会展为前提和先决条件，以旅游为内容延伸，其本质是节事会展与旅游的相互渗透和有机结合。

一、文化节事会展旅游发展背景及特点

早期的节事会展活动兴起于 20 世纪 80 年代，主要以独特的地理环境与文化习俗为内容。尤其是在我国的广大农村地区，率先出现了与群众生活息息相关、以农业活动为主题的文化节庆，极大地丰富了群众的精神生活，满足了群众的文化娱乐诉求。随着我国社会经济改革深化，工业化、城市化进程不断加快，商品种类日益增多，人们对节事活动的认识日益深化，节事活动与商业活动的联系日益紧密，很多地方政府开始认识到节事活动蕴藏着商业潜力。进入 21 世纪，文化节事活动逐渐呈现出大型化、国际化、专业化等趋势。节事活动日新月异，与区域发展的联系更加紧密。

节事会展活动具有鲜明的时间性、地域性、行业性、专业性等特征，其内容涉及政治、经济、文化等社会各个领域。其常见的类别包括节庆类（如巴西狂欢节、青岛国际啤酒节、哈尔滨国际冰雪节）、演艺类（如匈牙利多瑙河音乐节）、体育类（如奥运会、世界杯）、商业类（如瑞士达沃斯世界经济论坛、中国进出口商品交易会）等。

大型旅游节事会展活动是集中展现地方文化的重要载体。活动的举办往往成为媒体关注的焦点，为举办地塑造良好的文化旅游形象提供了展示的舞台，有助于提高文化旅游知名度，增强市场竞争力。部分地区的节事会展活动已经成为一种独特的文化品牌，带动了相关产业的壮大，日益彰显出强大的生命力。拥有近 30 多年历史的青岛国际啤酒节现已成为青岛最具特色、最有影响力的城市节庆活动。从 1991 年第一届啤酒节的举办到"海上啤酒节""智慧啤酒节""音乐啤酒节""上合啤酒节""活力啤酒节"，吸引了数百万游客，释放出了更大活力[①]，显著带动了文化、旅游、体育和

[①]　韩海燕，王兴，李万红 ."三十而已"，见证啤酒节的崂山故事 [J].走向世界，2020（36）：80-83.

经贸等产业的发展。通过举办节事活动，可以改善旅游业淡季供给与需求不足的情况，促进举办地的基础设施，如交通、宾馆、体育运动场所、休闲场地等得到提升，环境状况得到改善，从而进一步提高和完善举办地的旅游综合接待能力。大量游客的聚集，使交通、住宿、餐饮、购物、娱乐、旅游等方面的消费明显增加，使就业机会增加，有效带动了当地旅游产业的发展。

二、山西文化节事会展旅游状况及发展趋势

山西各地以地域文化特色资源为基础和条件，特别是通过对传统历史文化资源的挖掘，依托旅游胜地，大力发展文化节事旅游，逐步形成了多样化发展模式。比较典型的如佛教圣地五台山。每年八九月间举办的五台山佛教文化节，提升了五台山旅游的内涵，使旅游文化节与佛事活动、书画展览、摄影展览、文物展览、佛乐演奏、佛舞表演、佛学讲座以及特色旅游等一系列活动融为一体，进而提升了五台山的佛教地位，同时为五台山的旅游蹚出了新路子。作为关公故里的运城市，连续举办了 32 届关公文化旅游节，通过这一活动把关公精神和具有当代价值的关公文化进一步弘扬起来，传播出去；加强了海峡两岸文化的交流，促进了民族认同、文化认同和国家认同；结合地方非物质文化遗产技艺展示、优秀地方戏曲展演以及美食文化活动，进一步弘扬了河东文化，助推运城全域旅游快速发展。这些文化节事都承载着当地鲜明浓郁的地域文化特色，具有较强的大众参与性，吸引了广大游客前往，成为文化旅游热点。除了基于传统文化的节事旅游，山西借鉴国内外成果经验，围绕现代文化积极探索深化"文化 + 节事 + 会展 + 旅游"的融合新模式。创办于 2001 年的平遥国际摄影大展，按照国际惯例运行，提倡多元化、国际化、专业化，已成为一个具有中国传统文化特色的国际摄影展，促进了传统文化与现代文化，东方文化与西

方文化的交流、碰撞、融合，在海内外产生了轰动效应。

山西文化节事会展旅游虽然取得了一定的发展成效，但相较于发达地区，仍有较大的差距。特别是在会展旅游方面，由于区域经济结构和经济发展水平等限制，存在场馆规模较小、会展类型较少、品牌影响力有限、配套服务不完善等诸多问题。除了举办过中国（太原）国际能源产业博览会、中国（太原）人工智能大会、中国（山西）特色农产品交易博览会等展会的省会城市太原，其他各地市的经济发展水平普遍较低。展会与旅游还未有效衔接，融合效应尚没有充分显现，会展旅游发展方兴未艾。山西在发展文化节事会展旅游时应把握以下几个方面。

第一，发挥太原基础设施、配套服务等方面的相对优势，积极引进和申办有影响力的高端会展，扩大会展影响力，进一步提升展会的规模和层次。同时，发挥省会城市优势，带动各区域中心城市大力发展本土会展品牌，逐步形成以太原为中心，辐射全省各区域，特色鲜明的系列会展格局。

第二，通过建设改造特色会展场馆，完善配套服务设施，强化市场监管，培养会展专业人才等方式，创优会展服务环境。引入与培育并重，发挥专业会展企业市场主体优势，推动会展高质量发展。

第三，不断深化会展与文化旅游协同联动。发挥行业协会的桥梁纽带作用，促进会展企业与旅游企业的协同合作。充分考虑与会者、参展商、专业观众和普通观众的需求特征，充分挖掘山西丰富多彩的民间传统节事活动，以参展、演艺等多种形式参与会展；把文化旅游产品、宣传融入会展的策划、筹备组织阶段以及活动举办等各个环节，安排具有针对性的旅游活动，提供便捷的交通服务，有效引导大量的参会人员进入旅游市场。

第七章　山西文旅融合路径

路径是地理学概念，现在多指途径，即从起点通往终点的通路。从"路径"这一词语的本源出发，我们将文化旅游产业融合的路径定义为：能够实现文化产业与旅游产业融合发展的途径与方式。

产业融合是一个不断循环往复、不断深化的动态发展过程，存在价值观念、运作方式、体制机制等方面的矛盾和冲突。通过明确方向，相互调整，动态优化，才能不断深化文旅融合，构建新型文旅产业体系，实现文化旅游产业转型升级和高质量发展。探索符合山西发展实际的文旅融合有效路径，既要基于山西文化旅游发展的现状，又要面向未来发展的愿景，在符合产业融合规律的基础上，推动文化旅游产业深度融合发展。

第一节　发挥良性互动作用，推动产业事业共同繁荣

一、文化事业与文化产业相互依存

文化既是推动社会发展的手段，也是社会文明进步的指标，具有产业

和事业双重性。文化产业侧重于文化产品的生产、流通和消费，而文化事业的特征体现于公共服务性、非营利性和先进文化的导向性。发展文化事业的目的在于保障人民的基本文化权益，满足全社会的公共文化需求，提高社会文明程度。文化事业主要由国家机关或其他组织利用国有资产举办的公益性组织机构实施和管理。文化产业是在市场经济条件下，发挥市场在资源配置中的作用，用现代经营和管理方式研发、生产、销售文化产品及服务，市场主体主要由从事文化产品经营性业务的企业组成。在满足人们精神文化生活需求的同时，文化产业相较于文化事业更加注重文化的市场价值。

文化事业和文化产业尽管在主体性质、职能范围、资金来源、运行方式等方面存在差异，具有不同的特点和历史使命，但所承载的精神内容是一致的，都以满足人民美好生活需求为共同追求，对于坚定文化自信、提升文化软实力有着重大意义。习近平总书记在十九大报告中指出："文化是一个国家、一个民族的灵魂。"如果没有高度的文化自信，就不可能有真正的文化建设和文化繁荣。增强文化自信，不仅需要文化事业的支撑，而且需要文化产业的推动。只有推动文化的创造性转化、创新性发展，才能铸就中华文化的新辉煌，为文化自信打下基础。同时，坚定文化自信也是文化产业、文化事业良性健康发展的强大动力。

随着文化事业与文化产业的渗透与融合，两者相互支撑、相互促进。文化事业可以为文化产业提供发展的土壤，文化事业的繁荣会激发民众对文化的兴趣，增加文化产品需求，带动文化消费，创造、培养、拓展文化市场，促进文化产业不断提高文化产品的优质含量和品位，推动文化产业不断增强市场竞争力，有效拉动文化产业发展。同时，文化事业也需考虑成本和效率，注重投入与产出。文化产业能够带动文化事业发展，通过市场运作让文化资源获得新的生命，激活文化创造力，以此更好地满足人们的精神文化需求，促进传统文化的保护。同时，文化产业的发展增加了国家的财税收入，在经济上反哺文化事业，为文化事业提供了更多的财力和物力支持。此外，文化产业在追求经济效益的同时，更加注重对文化价值观的传播，提升了社会效益。

二、文化旅游产业与文化事业协调发展

旅游是文化性强的经济事业，也是经济性强的文化事业。推动文化旅游产业与文化事业协同高效发展，有助于统筹协调文化产业资源、公共服务资源，进一步发挥博物馆、美术馆等文化事业基础设施的旅游功能。法国塞纳河岸有着美丽的风光。为了进一步发展旅游产业，带动经济发展，当地将国家自然博物馆、图书馆、动物园、植物园、陈列馆等公共文化场馆和高山公园等景点集聚到一起。游客在欣赏自然风光的同时，还能加深对当地建筑特色、人文景观等的了解，文化旅游和文化事业相互渗透，产生了巨大的合力，吸引了世界各国游客慕名前往。

完善公共文化服务体系，大力繁荣文化事业一直是山西政府的转型目标之一。近几年，山西大力建设各类公共文化场馆，比如，太原市拥有中国煤炭博物馆、山西博物院、太原老车文化博物馆、山西面食博物馆、山西醋文化博物馆、山西省民俗博物馆和太原晋商博物馆等很多有特色的公共文化场馆。政府从规范管理方面加强顶层设计，培养公共文化领域人才、本土领军人物和青年拔尖骨干，不仅让各路名家、名作和名工作室带动与支撑公共文化工程，还鼓励民众参与。文化亲民和文化惠民理念逐渐深入人心。通过开展惠民演出、高雅艺术进校园等活动，培养人才，陶冶情操，提高人们的审美能力和素养。山西省的公共文化建设成绩有目共睹，正在以文化自觉和文化自信引领公共文化健康繁荣发展，为文化旅游产业的发展提供了良好的土壤。

随着旅游功能逐步被挖掘，公共文化场馆成为越来越受欢迎的旅游

目的地，构成了文化旅游的重要组成部分。比如山西博物院，目前是山西省最大的文物征集、收藏、保护、研究和展示的公共文化服务机构，2008 年 3 月起免费向公众开放，同年 5 月入选首批国家一级博物馆，2009 年成为中央地方共建国家级博物馆培育对象。山西博物院藏品众多，外观建筑很有特色，而且地理位置有优势，倚靠汾河，周围还有山西地质博物馆和太原市图书馆。山西博物院满足了社会各层次人们的需求，提供了休闲娱乐、审美、历史教育和文化教育等多方面的功能和价值，已经成为山西著名的文化旅游景点。山西博物院官方网站上特意设置专门板块介绍场馆设置、场馆开放时间、预约流程、交通换乘以及联系电话等服务，并且为前来的游客提供场馆游览的参考时间，方便游客规划行程。

深化公共文化场馆与旅游的融合，还需要在社会教育、研学、文化展览、知识讲座、科普培训等公共服务活动方面继续加强，不断提升其社会价值。结合场馆特有的文化元素，加大衍生品开发，让民众参观体验的同时还能带一些伴手礼回家，有效创造经济价值。在互联网时代，以线上线下结合的方式开发官方网站、公众号，达到强有力的营销和推广的目的。切实解决很多公共文化场馆配套设施不足的问题，提高旅游的方便性和舒适度，使更多文化场馆不仅是学习场所，也成为文化旅游场所。

推动舞台艺术等优秀的文化项目向文化旅游延伸，形成丰富的文化旅游内容，在激发文化传播内生动力的同时，赋能文化旅游发展。此外，文化事业领域有大量的学者、专家等专业人才，能够为文化旅游资源开发、决策咨询提供强有力的智力支撑。

文化旅游产业与文化事业只有紧紧地黏合在一起，协调发展，进行良性互动，才能形成共荣共生、互为支撑的力量。

第二节　金融支撑，科技与创意引领，实现文化旅游创新发展

文化旅游产业发展已从原来以历史文化资源为依托的旅游开发阶段向以资本、创意和科技为驱动的文化旅游深度融合阶段转变。金融资本、无限创意和科技创新正成为文化旅游深度融合的关键手段和途径。

一、金融

随着文旅产业的不断升级推进，文化旅游的融合、创新、产业竞争力、产业链开发等都离不开金融服务。金融在文旅产业融合中发挥着重要的驱动作用。

1. 加大扶持力度

文化旅游基础设施的完善、景点景区的升级提档、新文旅项目的开发等需要的资金量越来越大。与此同时，由于存在诸如资产抵押、担保能力等限制条件，大量产业内中小企业面临融资难的问题，亟须通过金融扶持，拓宽融资渠道，降低融资成本。因此，各级政府须制定倾斜的金融扶持政策，不断加大对文旅产业的定向财政支持力度，制定行之有效的投资促进政策，引导金融机构对文旅企业的信贷投放，适当加大投放力度。特别是对于文化旅游领域内的大量中小企业，要有效降低融资门槛，用好用足普惠小微贷款、支小再贷款等政策，增加中长期贷款额度。打破归属垄断、行业垄断和地区分割，建立一个健全而活跃的资本市场，完善多元化投融资机制。发挥政府性融资担保体系作用，降低融资成本。鼓励投资主体多元化，在有效监管和风险防范的基

础上，积极引导私募股权、创业投资基金等大量社会资金源源不断流向文化旅游产业。对符合条件的文旅企业，支持其通过证券市场、债券市场、资产证券化等途径拓宽融资渠道。打造金融服务平台，改善和加强对文旅企业的信贷服务，提高金融服务的可得性和便利性[①]，提高融资效率。

2. 创新金融产品

金融为文化旅游提供了全新动能，文化旅游也为金融创新提供了广阔空间。金融机构可以设立文旅金融专营机构，针对康养旅游、乡村文旅、数字文旅等重点领域以及文旅新业态、新需求，实施文化和旅游产业项目投融资促进计划，强化重大文旅项目的资金保障，结合文旅企业生产经营及融资需求特点，开发创新"文旅质押贷、文旅信用贷、文旅抵押贷、文旅企业担保贷、文旅项目贷"等定制化金融产品，对接特色需求，提供综合金融服务。引导各类产业基金投资文化旅游产业，在文旅领域推广政府和社会资本合作模式。面向消费者市场，创新文旅消费金融产品，提供便捷的消费信贷服务，在文旅消费的过程中嵌入金融支持，充分挖掘文旅消费潜力。

3. 提高融资能力

文旅企业要立足长远发展，完善自己的财务资金系统，强化企业信用建设，减少信息不对称，让金融机构更好地了解和掌握企业的实际情况。进一步熟悉、了解金融市场的融资方式、政策，加强与金融机构沟通合作，探索建立合理的文旅资产评估体系和文旅产品价值评估体系，有效盘活资产，为文旅发展提供活水。不断完善风险评估机制，采用各种途径分散和降低产业风险，保障文旅发展。不断增强市场竞争力，扩大企业规模，为

---

① 雒树刚在 2019 年全国文化和旅游厅局长会议上的讲话（精华版）[EB/OL]. （2019-01-11）[2023-04-09]. https://www.sohu.com/a/288221555_100229360?qq-pf-to=pcqq.c2c.

融资提供基础，逐步提高融资能力。塑造良好的企业形象，吸引投资者扩大投资。

二、科技

产业融合是一个沿着技术融合—产品和市场融合—企业融合—产业融合的主线动态演变的过程。5G、大数据、人工智能、物联网、区块链等新技术的创新扩散对资源整合、产品服务创新、技术进步等方面正产生深刻的作用与影响，逐步消融了文化产业、旅游产业的产业边界，推动两大产业链的功能区块相互渗透。

1. 提高科技运用能力

通过推动新一代数字信息技术的应用，加快信息化、网络化、智能化建设和数字化转型，提升文化旅游产业装备水平。通过数字化实现集中监控、统一指挥和协调联动，建立一体化的综合管理系统，提升数字化管理和运营能力。建设网络综合旅游服务平台，进一步完善门票预约、在线支付等功能，提供建立在全球定位、移动互联网、物联网等技术基础上的移动端一站式自助服务。加强文化旅游地内部引导标识系统等数字化与智能化改造升级，为游客提供电子地图、智能导游、电子讲解等，使游客获得全方位的智能服务和个性化的游玩体验。依托移动客户端的大数据，深入了解消费者构成、消费心理、消费行为等方面的消费特征，针对目标用户提供定制式、精准化的文化旅游信息推送服务。

2. 创新文旅产品开发

传统的文化旅游产品经过长期的发展，类型、形式已经相对较为固定，在既有模式下进一步开发的潜能有限。但是，在原有文化旅游资源基础上运用新技术，能够优化生产要素配置，产生新业态，衍生出新的文化旅游产品形式，从而进一步深化文化资源开发，丰富文化产品和服务类型，切实增强产品竞争力，更好地满足消费者多元化的需求，促进文化消费，提升消费体验，提高消费满意度。在 2021 年中国国际智能产业博览会上，故宫博物院对国宝文化遗产进行了创新性的开发与诠释，将北宋国宝级长卷《千里江山图》与数字技术进行融合。全长 26 米、高 5 米的《千里江山图》动态数字长卷是世界首个拥有实时分层渲染核心技术、时间变换系统的高清动态数字长卷，糅合了传统美术与数字科技，创造出了独特的文化体验空间，带来一场震撼视听的文化科技盛宴，让大家充分感受中华文化瑰宝的底蕴与魅力。

同时，技术创新改变了市场的需求特征，带来了新的市场需求。因此，文旅领域要抓住数字消费新机遇，引导云旅游、云演艺、云娱乐、云直播、云展览等新业态发展，创新文旅产业体验模式。

3. 驱动产业集群形成

"竞争战略之父"迈克尔·E. 波特（Michael E. Porter）认为产业集群是在一个特定区域内一群相互联系的、在地理上集中的公司和机构的集合。产业集群可以促进企业在纵向和横向之间通过积极的互动和交流来推动和鼓励对方进行持续的产业升级和创新。[①] 文化旅游产业集群是指一定地域内特定文化旅游企业和机构的空间集聚，产业内各企业和机构相互联系，形成产业发展竞争合力。当前，文化旅游产业内普遍存在着产业子系统间独立性较强、联系程度较低、文化产业旅游链延伸不足等状况，子系统间没有形成密切合作，资源难以有效整合与高效配置，无法充分享受产业集群带来的协同共生效应。技术创新能有效打通产业子系统间、产业链各环节间以及文化旅游产业与其他产业间的联系，使得跨界融合更具可能性。充分发挥新技术的融合作用，有效整合产业资源，将有力促进文化旅游产业集群的形成，更有利于发挥协同效应和集聚效应。通过集群优势，强化子

---

① 波特 . 国家竞争优势：上 [M] . 李明轩，邱如美，译 . 北京：中信出版社，2012.

系统间的分工与协作，提高产业效率；共享基础设施，有效降低交易成本；降低文化产品边际成本，提高规模经济和范围经济效应；进一步激发技术和知识升级、扩散，在竞争中促进产业创新，最终增强区域文化旅游产业的整体竞争力。

三、创意

文化产业也称文化创意产业，创意既包括前人和其他人没有的原创，也包括通过改造等方式形成创新。在当今社会，创意是文化旅游融合发展的催化剂，在文化旅游的高质量融合发展中的引领与推动作用越来越明显。

1. 用创意挖掘资源，开发文化旅游产品

文化资源并非天然的商品，只有经过一定的加工与创造，才能转化为产品，进入市场并赢利。要想在竞争日益激烈的市场中使文旅产品脱颖而出，需要充分发挥人的智慧、技能和天赋，创造性地整合与挖掘文化旅游资源，提升文化内涵，利用不同载体再造与创新既具有文化产品的文化性、艺术性，又符合旅游产品的纪念性、实用性特征的文化旅游产品。正是创意的独特性、原创性赋予了文化旅游产品高经济附加值，能够满足多元化、高层次的消费需求，拓展消费空间。近年来，故宫文创产品开发风生水起，受到年轻人的热烈追捧，很多爆款潮品早已名声在外，如故宫国风胶带、"千里江山图"系列、紫禁太平有象书签、脊兽钥匙扣，等等。各种独特的故宫文创产品扎根于中华五千年历史的脉络，带有故宫文化元素，起到了文化传播的作用。

山西的文化旅游资源极其丰厚，但文化创意服务还没有深度参与文化旅游开发，致使基于资源的产品开发往往缺乏创造力，存在重复、雷同现象，优秀资源的吸引力没有得到充分彰显。因此，首先要深入分析游客的文化需求，真正了解游客在山西文化旅游中想要什么。旅游地特有的文化

吸引力才是最核心的内容。资源是有限的，创意是无限的。通过挖掘文化资源的文化内涵，对文化旅游资源进行再创造、再设计，让文化符号与现代生产、生活有机结合，用现代的、创新的形式展现出来。采用情境体验、游戏项目等创新旅游体验方式，使文化旅游产品系列化、富有层次性，凸显文化内涵，赋予文化资源新的文化价值。

2. 用创意改造文化旅游环境，增强旅游地吸引力

随着社会的发展，人们的文化旅游品位提升了，更加注重旅游环境的品质。这就要求旅游整体环境在策划和设计上更加注重文化和人文内涵，围绕文化主题定位进行多维度、深层次的创意改造，把主题文化融入景观建筑、各类标识等创意设计中，突出旅游地的文化灵魂与主线，利用好文化元素和文化符号，使样式、风格等视觉形象与文化主题融为一体，使整个旅游环境处处有创意，彰显旅游的文化特色和文化内涵，增强景区的独特文化魅力。

山西太原的钟楼街得名于古代的一座钟楼，这条始于宋元、兴于明清、盛于民国的千年古街，承载了太原厚重的历史，蕴藏着丰富的历史文化遗存，曾是太原百年商业辉煌的历史地标。2020 年，为了保护历史文化、提升城市品质，钟楼街正式启动了改造工程。在建筑风貌上，秉承了"保护、恢复、激活"的设计原则，以及"重塑城市记忆，传承历史文脉，体现时代风貌"的更新策略，保留了关帝庙、书业诚、亨升久、泰山庙、老香村等大量历史文物建筑，按照"修旧如旧"的原则进行保护性修复或改造，在此基础上复建了钟楼、按察司门牌、开化寺门楼等，最终形成了以民国风貌为主体，同时兼容了明清等各时期的风貌的千年古街，重塑了太原老城的城市记忆。2021 年 9 月，随着亨得利、六味斋、恒义诚、华泰厚、乾和祥等中华老字号的入驻，千年古街焕然归来，"商业＋文化＋旅游"尽显国风晋韵主题形象，历史传统和现代潮流、文化旅游和现代消费相互融合，成为城市文化新名片。

第三节 扩展融合，示范带动，提升文化旅游综合效应

一、经济效应

1. 提高企业绩效

企业是文旅产业的市场主体，也是产业发展的基础。在文旅融合的过程中，产业间的技术壁垒和市场隔阂逐渐被打破，一个巨大的新市场正在形成。这有效扩大了市场需求，提升了需求层次，带动了更大范围的市场参与，使更多的新进入者被吸引并参与其中，从而使企业面临着更复杂的竞争环境和更大的竞争压力。激烈的市场竞争促使企业整合文化、人才、渠道、品牌或者技术等方面资源，发现融合带来的新的市场契机，持续开发兼具文化性和市场性的新技术、新产品、新服务，提高旅游产品价值和市场利润，巩固市场地位，增强竞争力。通过企业间的深度合作或者对外兼并、收购，具有不同资源优势的企业联合起来，资源共享、渠道共享、市场共享、技术共享，实现规模经济效应和范围经济效应，降低企业研发、生产和交易的成本，提高效率，分散市场风险。

融合的过程也是促使企业在竞争中优胜劣汰的过程。产品缺乏特色、竞争力弱的企业会逐渐被市场淘汰，企业主体结构将会调整。一些企业资源进一步集中，规模不断扩大，经营范围更加多元化，创新能力进一步增强。另外一些企业可能向相反的方向演变，立足剪纸等非遗手工制作工艺这样的市场替代性差的特色化优势，走小而精的路线，虽然规模较小，但面向特定的细分市场，成为产业链中不可或缺的环节。

2. 增强产业动能

有效发挥市场和政府的推动力量，融入更多的设施设备、智能化技术和文化创意等要素，改变文化旅游原有的发展方式，从主要依赖文化遗产资源和圈地开发的粗放式增长，转向依赖资本、技术和知识创意等集约式增长。

深化文化旅游供给侧改革，丰富旅游供给，创造出新的需求。以融合促进产业价值链整合，优化重组成新的价值链，使产业链延伸到设计、供应、生产、销售各个环节，涉及吃、住、行、游、购、娱等领域，拉动消费市场，形成持续的消费热点，促进产业规模不断扩大、产值增加，使文化旅游产业逐步成为山西经济发展的支柱性产业和能够满足文化旅游消费需求的现代服务业。加速区域间产业资源的流动和重组，打破区域之间的壁垒，增强区域之间的联系，有效发挥集聚—扩散效应，增强太原、大同、临汾等区域中心的核心集聚力和对周边区域的扩散能力，打造山西文化旅游区域产业中心，逐步发挥区域中心向外辐射的作用，带动次中心区域的旅游基础设施建设，改善资本和人才结构，形成文化旅游的区域空间结构一体化格局，推进全域旅游融合发展。

3. 调整产业结构

"文化搭台，经济唱戏"，通过"文化＋旅游＋"跨产业融合战略，促进文化旅游与农业、工业、体育产业等第一产业、第二产业、第三产业间的融合，不断培育农业文化旅游、工业文化旅游、体育文化旅游等新模式、新业态，发挥文化旅游的融合带动作用，形成新的经济增长点，使文化旅游产业成为山西经济发展的重要动力来源，建立多元支柱产业体系。特别是山西正处于经济结构转型的关键时期，环保、高效、可持续的社会经济内在发展要求促使高耗能、高污染、低技术含量、低附加值的传统工业生产方式逐渐退出历史舞台。在这样的背景下，因地制宜地重点推动工业文化旅游发展，能够化解产能过剩矛盾，加强工业企业资源的多次开发与利用，促进传统的工业城市不断更新，推动老工业区的环境改善，对于工业提质增效，结构调整优化，改变主要依靠煤、焦、冶、电等传统支柱产业的经济增长方式都具有巨大的现实意义。

二、文化效应

1. 文化交流

旅游与文化融合，赋予了旅游独特的文化属性。游客在旅游过程中所携带的外来文化会与山西本土文化产生交流与碰撞，只有互相认可、互相学习，才能在求同存异的过程中实现文化共荣发展。

从古至今，旅行者都是文化最好的传播者。多元化的文化为山西文化发展带来了新鲜的文化成分与文化元素，有利于推动山西现代文化的形成，推动社会文化进步。对于旅游地而言，文化旅游发展为旅游地居民接触外部社会创造了机会与条件，游客的言谈举止所包含的文化品位与文化精神作用于当地居民的内心深处，使其思想观念发生转变，更加趋于开放，推动社会意识进步。特别是对于相对封闭的农村、偏远地区来说，文化旅游有助于旅游地居民抛弃陈规陋习，改变落后观念。同时，推动乡村文化与旅游的深度融合，发展绿色乡村文化旅游，可使旅游地居民在文化比较中加强对当地传统文化价值的认识与理解，形成价值感知与价值认同，从而不断增强文化自豪感，激发对传统文化的保护意识，进而传承与创新乡村优秀传统文化。文化旅游的深度融合，赋予了旅游演艺、民俗活动、文创产品等旅游产品更多的文化内涵，使旅游的文化性不断增强。文化旅游已成为全方位展示山西文化独特魅力的重要窗口，游客通过参观游览，在了解山西历史文化、感受文化魅力的同时，成为山西文化的传播者。在社会化媒体快速发展的今天，每个用户都可能是内容的生产者和传播体。大量的游览过程被记录，并即时传播，甚至引发了许多热点，短视频、Vlog等多媒体形式进一步增强了传播效果，使文化的传播范围极大扩展。

虽然文化旅游对文化交流具有积极的促进作用，但我们须重视其存在的负面效应。这些潜在的负面效应包括外来文化的进入对旅游目的地的风俗习惯、乡规民约等带来冲击，传统文化可能被弱化，甚至同化。此外，为吸引更多的游客，在经济利益的驱使下，旅游地一味迎合游客的口味，使厚重的文化让位于旅游需求，甚至对传统文化随意改变和扭曲，导致传统文化庸俗化和过度商业化。因此，旅游地在吸取外来文化优秀成果的同时，应尽量避免以上问题，不断增强本土文化自信。

2. 形象传播

旅游形象是游客对旅游地及其旅游产品、旅游设施、旅游服务功能等的总体、抽象、概括的认识和评价。旅游形象内涵丰富，价值巨大，是吸引旅游者到山西旅游的核心要素。旅游形象一旦形成，就会成为该地的身份象征，如果没有大的变动，这种形象将相对稳定地存留下去。旅游形象提升对于当地文化旅游发展和扩大山西的整体影响力具有重要意义。

美国学者克莱尔·A. 冈恩（Clare A. Gunn）认为旅游形象感知既包括旅游者还未到旅游地之前通过各种媒介宣传产生的"原生形象"，又包括旅游者实地旅游之后形成的"诱导形象"[①]，前者是影响旅游动机产生的重要因素。随着山西旅游的进一步开放、发展，逐步形成了"历史悠久、热情友好、有文化底蕴"等对山西旅游形象的正面评价，但同时，出于各种原因，很多没有到过山西的人，对山西的"原生形象"仍然停留在"黄土、黑煤、经济落后"上，严重影响了山西文化旅游的发展。因此，塑造和传播良好的旅游形象成为山西文旅融合的重要内容与目标。一方面，以文化为核心塑造旅游形象，使山西优势文化成为旅游形象的核心价值，将旅游形象的塑造贯穿于产品融合、市场融合等全过程，贯穿于游客吃、住、行、游、

---

① GUNN C A. Vacationscape：designing touristregions［M］. Austin：University of Texas Press，1988.

购、娱各个环节，通过精心策划内容丰富、具有吸引力的旅游线路、活动和产品，使游客在真实体验中感知山西文化，进而传播山西良好的旅游形象，扩大山西的整体影响力和知名度。另一方面，突出山西整体特色，以文化旅游为载体，充分利用多元化的传播手段，在文化旅游宣传的同时，提升其感染力、影响力，讲好山西故事，展示山西形象。由山西省委宣传部与山西广播电视台、山西省旅游局、中央电视台联合拍摄的系列纪录片《飞越山西 晋善晋美》就是山西旅游形象成功传播的典范之一。该片分为《山河》（自然地理篇）、《岁月》（人文历史篇）、《家园》（转型发展篇）三集，通过专业的空中与地面调度、宏观与微观的镜头展示、唯美与厚重的画面语言、民族与时尚的音乐元素、匠心独运的视觉创意，呈现了山西的历史垂青和文化浸漫，展现了在现代化进程中山西焕发出的勃勃生机，有效地传播了山西独特的自然与人文魅力，将开放、大气的山西呈现于世界。

三、环境效应

1. 环保意识

旅游生态环境是旅游赖以生存和发展的基础。然而，山西文化旅游的发展给生态环境带来了压力，甚至对其造成了破坏。在旅游发展初期，山西很多旅游开发的方式落后，粗糙的施工和不合理的利用导致了资源浪费、水资源短缺、空气质量下降等环境恶化问题，部分旅游区垃圾随处可见，卫生状况糟糕。这些不仅会阻碍山西文化旅游业的持续发展，而且会制约山西经济发展。因此，山西亟须在环境保护与旅游开发之间找到平衡点，实现环境保护与资源有效利用的双赢。

保护旅游地生态环境，不仅关乎着旅游业的客源量，更关乎着当地人民的生活水平。有关部门要不断加大科普教育的力度，向当地居民和游客宣传环境保护的重要性，及时制止破坏环境的不良行为，使居民切实认识到"保护环境也是保护自己和子孙的未来"。在文化旅游产业开发过程中，有关部门要重视当地居民的参与，增加就业机会，使社区居民从这类旅游活动中获益，切实感受到只有保护好旅游生态环境才能持续吸引游客到来，主动增强环境保护意识，使居民成为文化旅游和环境协调发展的宣传者、守护者，促进文化旅游向环境友好转型。有关部门要引导经营者和旅游者增强环保意识，爱护旅游地环境，积极参与垃圾清理和分类，共同保护身边的生态环境，让天更蓝、水更清、地更绿。

2. 环境优化

发展文化旅游，促进旅游环境不断改善。以了解历史、感受文化为主要目的的旅游消费群体，整体素质偏高，对旅游环境的关注更加明显。文化旅游融合的深化，提升了文旅企业的利润空间，扩大了其规模，这些文旅企业在理论上具备了更强的合理规划、垃圾处理、环境美化、土地治理、生态修复、建设基础设施的能力。基于经济利益的追求，当地政府要引导和促使运营方投入更多的资金和精力，有效改善环境，从而推动生态环境与旅游开发相互适应、协调，使自然环境能够繁衍生息，使人文环境能够延续并得到保护。

发展文化旅游，为优化传统工业区、农业区、居民区的环境，实现资源节约、环境友好提供了路径。德国鲁尔区以生产煤和钢铁等传统工业为主，曾是世界上最大的工业区之一，被称为"德国工业的心脏"。20世纪50年代后，随着全球产业升级和国际贸易发展，历时10年之久的煤业危机和钢铁危机对鲁尔区造成了巨大冲击，传统工业衰败，环境污染严重。面对危机，为了持续化发展，政府自60年代末开始了从制订整体规划到培育新兴产业的战略转型。其中，旅游与文化产业是鲁尔区大力扶持的新兴产业之一。鲁尔工业区注意保护本地区传统历史文化，将废弃的工厂和矿山改造成风格独特的工业博物馆和工业旅游景点，新建了购物、娱乐综合体，将废弃的煤渣山改造成滑雪场，为当地带来丰富的旅游资源，开发出了一条别具特色的工业文化旅游路线，成为当地的著名风景线。在转型过程中，鲁尔工业区高度重视环境保护，采取了限制污染气体、污水的排放，进行了大规模的植树造林，对环境进行综合整治。如今的鲁尔区，集中了众多文化机构，还有 200 多家博物馆、120 家剧院、200 多个音乐节和其他数不胜数的各类文化活动。2010 年，鲁尔区被欧盟确定为当年的欧洲文化首都之一。曾经冒着黑烟的工厂和遮天蔽日的粉尘已不再重现，取而代之的是清新的空气和充满文化气息的景致，让人们很难将现在的鲁尔区与那个烟囱林立、机器轰鸣的传统工业区联系起来。① 鲁尔区的成功为山西经济结构转型，尤其是"文化 + 旅游 + 工业"发展提供了一个良好的范本。

四、社会效应

1. 乡村振兴

"文化 + 旅游 + 农业"是适应国家战略需要，传承中华优秀传统文化，实现乡村振兴的有效途径。中华文明植根于农耕文化，乡村是基本载体。挖掘乡村传统文化内涵、优秀思想观念、人文精神、道德规范，与旅游产业各细分行业的内外部深度融合，在保护传承的基础上进行创造性转化、创新性发展，使乡村文化和旅游相互融合，是推动乡村经济向新业态转型升级的有效途径。山西是我国原始农业的发源地之一，千百年来农耕文化渗透到了生活的方方面面，具有深厚的农耕文化资源基础。

由于自然、地理条件恶劣，自然灾害频繁，收入来源较为单一，文化程度不高等，目前山西还有很多农村地区经济不发达，村民生活水平较低。

① 谢飞.从"钢铁硬汉"到"文艺青年"：德国鲁尔区百年史话［EB/OL］.（2021-11-21）［2023-04-11］. https://baijiahao.baidu.com/s?id=17169836556777676587&wfr=spider&for=pc.

发展文化旅游成为山西产业扶贫、文化扶贫的重要途径,并且取得了显著成效。晋中左权县位于山西省东南部、太行山主脉西侧,地域广阔、群山阻隔、土地稀少,曾经是国家重点扶贫县。近年来,左权县深挖红色景点、绿色山水、生态庄园、民俗文化等资源,大力发展乡村文化旅游,在 2019 年举办了首届"左权民歌汇"。村民的观念逐步改变,民房变成了民宿客栈、农家乐,村民不用离开故土就能解决生计问题,收入显著提高,摘掉了贫困的帽子。左权县因此入选《2020 世界旅游联盟旅游减贫案例》。随着全面脱贫目标的实现,深化文化旅游发展将在巩固脱贫攻坚成果中发挥积极作用。

在《乡村振兴战略规划(2018—2022 年)》中,国家明确提出:培育农业农村新产业新业态,打造农村产业融合发展新载体新模式,推动要素跨界配置和产业有机融合,让农村一二三产业在融合发展中同步升级、同步增值、同步受益。依托文物古迹、传统村落、农业遗迹等乡村文化旅游资源,发展乡村文化旅游,推进非物质文化遗产和重要农业文化遗产的保护利用,将农耕文化融入旅游开发当中,打造具有地方特色的区域文化旅游精品。促进山西农村谷类、豆类、麦类、薯类、糜类、荛类、黍类等小杂粮种植,核桃、苹果、桃、红枣、酥梨、芦笋、马铃薯等果蔬种植以及中药材种植等特色优势产业与文化旅游衔接,使农产品进入文化旅游消费市场。通过积极开发传统戏曲、锣鼓等民间艺术、民俗表演项目以及具有地方特色的传统工艺产品,促进文化资源与现代消费需求有效对接。为农村的发展提供更多就业岗位,拉动人才返乡创业,有效增加当地农民的收入。优化农村单一的农业结构,促进农村繁荣稳定,统筹城乡经济社会发展。借助旅游开发设施建设,完善农村道路交通、水电管网等基础条件,优化公共服务配置,改善乡村人居环境,形成宜农、宜居、宜游的乡村风貌。只有充分发挥文化旅游在稳增长、促消费、减贫困、惠民生等方面的积极作用,赋能乡村振兴,打造出游客的旅游乐土和村民的幸福家园,才能使美丽乡村焕发出新时代的新气象，实现农村文化旅游的可持续发展。

2. 研学教育

研学旅游作为一种新兴旅游业态，是指以学生为中心，将旅游体验和研究性学习融为一体的活动。游学在我国有着悠久的历史，早在春秋战国时期，孔子便率领弟子周游列国，传播儒家思想。汉代以来，游学不断发展，众多文人学者，如李白、徐霞客等都在游学过程中欣赏壮丽风景、陶冶情操的同时，积累广博的学识，实现了自我的升华。十六七世纪，在英国上流社会兴起了赴欧洲学习的"大游学"（Grand Tour），主要是在法国、意大利、德国等学习各国礼仪、外语，了解社会民情和政治制度。随后，该活动扩展到欧洲其他国家，并开始由上流社会扩展到中产阶级。欧美等发达国家经过长期发展，研学旅游逐步成熟，很多国家将其作为青少年教育的组成部分。研学旅游集探究式、互动式、体验式和开放式等特点于一身，体现了"读万卷书，行万里路"的教育理念和人文精神，通过"玩"与"学"产生的奇妙化学反应，让教育回归本质，逐步成为素质教育的新内容和新方式。2014年，国务院发布的《国务院关于促进旅游业改革发展的若干意见》，首次明确了"研学旅行"要纳入中小学生日常教育范畴。

"文化＋旅游＋教育"的研学旅游模式兼有旅游、教育、文化等功能，越来越受到广大家庭的青睐，使文化旅游的形式更加多元化，促进了传统旅游产业的转型升级，形成了文化旅游发展的新亮点、新趋势。山西大量的文化遗产为研学旅游提供了丰富的内容。抓住研学旅游的发展契机，将助力山西文化旅游迈上新台阶。面向中小学生甚至大学生，通过打造"非物质文化遗产＋研学""红色文化＋研学"等多种模式，构建具有文化内涵、内容丰富、形式多样的特色课程体系。依托旅游地资源，创建安全措施完善的研学实践活动基地，为组织研学实践活动提供必要保障及支持。按照不同年龄段学生的学习愿望，有计划、有组织、有目的地安排校外参观体验实践活动，为研究性学习提供真实的情境体验，以动手做、做中学的形式，使学生能够在研学旅行中了解历史、拓宽视野、增长知识、感受文化，拓宽获取综合知识的路径，体验文化知识和自然知识的不同魅力[①]，使学生德智体美劳全面发展。

以红色文化研学旅游为例，山西有八路军太行纪念馆、百团大战纪念馆、百团大战总指挥部砖壁旧址、红军东征纪念馆、刘胡兰纪念馆、八路军总部王家峪旧址等一系列丰富的研学基地，为开展研学旅游提供了多样化的选择。位于长治市武乡县城八路军太行纪念馆是全面反映八路军抗战历史的大型革命纪念馆，也是国家级抗战纪念设施、国家一级博物馆，占地14.8万平方米，主要有八路军抗战史陈列馆、八路军将领馆等旅游参观点，拥有各类藏品8000余件，尤以八路军抗战历史文物的收藏较具特色，其中，国家一级文物150多件。纪念馆先后接待了多位党和国家领导人以及老一辈革命家。作为山西重要的红色旅游经典景区，该纪念馆获"全国爱国主义教育示范基地"等称号，已经成为红色文化研学旅游的重要目的地。大批学生积极前往，触摸山西的红色记忆，感受在漫长而艰苦的革命战争年代，在中国共产党的领导下，先辈们浴血奋战、前仆后继，所谱写的动人诗篇和丰功伟绩，有效激发了有志青年忧国忧民、挑战自我、超越自我、奉献社会的精神与情怀。

---

① 方荣辉.研学旅游发展现状及创新路径研究［J］.人文天下，2019（22）：2-6.

第八章　山西文旅融合发展策略

面对存在的现实问题，同时着眼未来，山西需要遵循文旅融合的宏观路径，以全方位、战略性的视角，围绕理念规划、环境基础、融合模式、产业集群、品牌传播、人才支撑等关键领域，制定具体的发展策略，切实将资源等优势转化为融合深化的实效，推动文旅融合的可持续发展。

第一节　深化融合理念，制订整体规划

一、树立融合发展理念

思想是行动的先导。树立"以文促旅，以旅彰文，和合共生"的理念是推动文化与旅游深度融合的先决条件，从根本上筑牢了思想基础。发挥政策引导优势，通过积极组织开展宣传、培训、行业内交流学习等，使大家切实了解文旅融合的意义，理解融合的价值，达成深度融合是产业发展的必由之路的思想共识。融合理念绝对不能仅仅停留在相关职能管理部门，需要渗透到全产业。市场主体的经营管理者，甚至每一个从业者，都要把融合理念根植于心底。

1. 厘清文化与旅游的关系

文化与旅游之间绝对不是相互简单地借用，而是切实地相互渗透，这样才能形成文化旅游合力，真正实现相互协同、优势互补、互相促进。文化是旅游的灵魂，是构建旅游核心优势的根源。山西丰富的文化资源成为山西文化旅游持续发展的动力。通过充分挖掘利用文化资源，发挥文化创意，将这些文化融入"吃、住、行、游、购、娱"的各个环节，能够提升山西文化旅游的品位，满足游客文化消费需求，增强文旅产品对游客的吸引力，进一步扩展山西文化旅游发展的空间。旅游是文化的载体，旅游市场繁荣有助于丰富文化产品供给，促进文化旅游资源向文化旅游产品转化，有效传播山西特色文化，扩大山西文化的影响力。

2. 用融合理念指导实践

将"宜融则融，能融尽融，以文促旅，以旅彰文"的理念渗透到消费调查、资源开发、规划布局、市场运营、客户服务、品牌构建、技术创新等文旅发展的全过程，改变过去旅游资源就是旅游产品、门票收入就是旅游收入的片面认识，发挥融合优势，获得市场回报，从而进一步增强、创新融合发展理念，有效推动文化和旅游全方位、全领域、全过程融合发展，为山西文化旅游发展提供强劲的驱动力。

二、开展资源调查与评估

文化资源和旅游资源是文化旅游赖以发展的基础条件。开展全省文化旅游资源调查与评估是实现全省文化资源和旅游资源可持续利用、推动文化旅游发展的一项必要性、基础性工作，旨在摸清山西文化旅游资源的家底，评估山西文化和旅游产业发展潜力，为后续旅游资源开发、文化旅游产品转化提供资源依据，进一步夯实山西文化和旅游融合发展基础，具有突出的战略意义和重要的现实意义。

1. 资源调查

文化旅游资源调查应重点围绕资源状况和环境状况两个方面。相较于自然旅游资源，文化旅游资源具有特殊的文化属性，其资源状况不仅包括遗产文物等物质资源的类型、数量、结构、规模、成因，还包括历史事件、民俗风情、传说故事、传统手艺等非物质文化资源的文化内涵、发展历史、制作工艺；环境状况主要包括自然环境、社会环境、市场环境等。资源调查是一项系统工程，需要建立调查机制，构建资源调查系统，实施持续、长期的资源监测，搭建动态资源信息数据库，不断完善资源信息，形成详细的资源分布图。

2. 资源评估与分类

在资源调查基础上，从合理开发利用和保护文化旅游资源及取得最大的社会效益和经济效益的角度出发，对旅游资源本身的价值及其外部开发条件等进行综合评判和鉴定[①]，合理对文化资源进行分类，为进一步开展文化旅游资源开发与管理奠定基础。

资源评估的内容主要集中于资源价值评估和资源开发评估两个方面。资源价值评估既包括资源的观赏性、娱乐性等经济价值的评估，也包括文化性、教育性等社会价值的评估。资源开发评估包括：（1）区位条件：资源所处的地理位置，与周边资源的相互替代、互补等关系；（2）客源条件：资源辐射半径所覆盖的主要客源范围、人口特征及其社会经济文化状况；（3）自然环境：资源所在地的气候、水文、植被等环境要素；（4）旅游设施：交通运输设施、旅游接待设施（包括停车场、酒店、饭店等）、旅游购物设施、娱乐设施、医疗救护设施等。针对所评估的内容，充分考虑市场需求，确定多层次评价指标，构建科学的评估体系，以定量和定性相结合的方法全面、客观地评估文化旅游资源的价值。

以资源评估结果为依据，结合文化旅游资源融合的属性，按照资源的构

---

① 马耀峰，甘枝茂 . 旅游资源开发与管理［M］. 3 版 . 天津：南开大学出版社，2013.

成、等级等构建多维度的资源分类标准，合理进行资源分类。如按照文化构成，将文化旅游资源分为历史文化旅游、民俗文化旅游、红色文化旅游等；按照文化和旅游资源的融合开发程度，分为已经开发的文化旅游资源、通过开发可以转化成旅游资源的文化资源、可以进行文化挖掘与注入的旅游资源。

3. 明确市场定位

合理的市场定位是开展旅游规划与开发的重要基础。通过整合山西资源优势，塑造与众不同、个性鲜明的山西文化旅游形象，并将这种形象生动地传递给旅游者或者潜在旅游者，从而在旅游者心目中占有特殊的位置，这样才能提升山西文化旅游的核心竞争力。

确定市场定位须通过资源调查、评估与分类对山西整体资源状况进行全面客观的了解与认识，充分考虑游客的知识获取、观光休闲、追趣体验等旅游需求，以及产品升级、竞争加剧等旅游市场变化，有效识别山西与其他省份文化旅游资源的差异化竞争优势。虽然山西与河北、山东、河南等临近省份同处中原地区，都有着悠久的历史、厚重的文化资源，但是山西的晋商文化、根祖文化等文化旅游资源是独一无二的特色优势资源。这成为山西打造彰显历史、突出休闲的旅游形象的重要基础。

三、制订战略发展规划

制订文化旅游战略发展规划可以为文化旅游发展提供全局性的、方向性的指引，可以更好地发挥政府的规划引导作用，集中优势资源，为文化产业与旅游产业的融合与可持续发展提供基础。山西文化旅游战略发展规划的制订应立足于全域旅游视角，以文旅融合为核心，将文化旅游发展纳入山西社会经济发展的全局中，与交通、环保等各领域规划相衔接，协调统筹各行业相互配合，以文化旅游带动和促进经济社会的协调发展。推进产业融合，提升文化旅游现代化、集约化、品质化、国际化水平，更好地满足旅游消费需求。^①战略发展规划的制订应兼顾确定性与灵活性、定量与定性、先进性与现实性，形成层次完整、序位合理的规划体系。

1. 多层次发展规划

从宏观到微观，从整体到具体，从全省综合规划到旅游地规划，形成完整、分层、规范、有序的规划体系。

从全省全局出发，立足未来5—10年的中长期发展，重点围绕均衡空间布局，打破行业壁垒和地区封锁，跨区域有效整合资源，推动旅游开发从注重景点建设向注重旅游要素市场的配套转变，实现文化旅游由点到面再到立体化、全域化发展。充分依托各地资源禀赋、发展基础和比较优势，按照分类集聚、特色发展的原则，以互补功能为重点，以相邻区域协同为目标，以跨区域的自然山水和完整的地域文化单元，规划旅游休闲、文化产业、康养度假、会展商务等集聚区，培养一批跨区域、特色鲜明、集多种文化旅游资源于一体的特色旅游功能区。按照建立大旅游产业体系，进一步形成区域融为一体、相互补充及相互促进的文化旅游协同发展的大格局。^②从20世纪八九十年代重点围绕云冈石窟、恒山、五台山、黄河所确定的"一窟、两山、一河"开发战略，到后来以太原为中心，突出"一市（大同市）四区（晋祠、五台山、黄河、蟒河四个高档次旅游经济区）"以及建设"八条精品旅游线路"的战略实施，山西文化旅游实现了由点到线的发展。目前，山西正着力重点打造黄河、长城、太行三大板块，以三大国际知名文化旅游目的地为牵引，将长治、晋城、临汾、运城打造成国内一流文化旅游目的地，将朔州、吕梁、阳泉打造成区域级知名文化旅游目的地。

整体规划的制订为山西文化旅游持续发展奠定了基石。在全省整体规

---

① 国务院办公厅.国务院办公厅关于促进全域旅游发展的指导意见［EB/OL］.（2018-03-22）［2023-04-13］.https://www.gov.cn/zhengce/content/2018-03/22/content_5276447.htm.

② 燕连福.新时代文旅融合发展：一个新的增长极［J］.人民论坛·学术前沿，2019（11）：71-79.

划的引导下，以全省十一个地市为主，结合区域优势，对接全省发展规划，形成区域化发展规划。围绕区域规划，推进文化旅游发展具体策略及方案，培育具有产业带动力和文化影响力的示范项目。

2. 合理安排开发序位

文化旅游发展是长期持续的过程。因此，在各项财力、物力等资源有限的情况下，山西需要合理安排开发序位，集中优势资源优先发展部分区域、部分项目，发挥扩散作用，从而带动全省文化旅游整体发展。

一方面，自然、资源、交通、市场、人力、经济、聚集等是影响旅游可进入程度以及旅游经济效益的重要区位因素，应根据旅游地的区位条件状况，决定旅游开发的空间序位。山西北部大同区域，中部太原、晋中区域，南部运城、临汾区域，在全省范围内具有较为明显的区位优势，应考虑重点发展。另一方面，按照由资源吸引力、社会容量、生态容量所决定的文化旅游项目吸引力[①]，确定优先开发等级、时间开发序位。优先开发档次高、功能全、旅游产品丰富的旅游项目，如五台山、云冈石窟、平遥古城、王家大院、临汾大槐树等山西享誉海内外的著名景区，以点带面，充分发挥其对区域整体的辐射作用。

第二节　营造融合环境，夯实融合基础

一、发挥政府职能，完善市场体系

山西要积极探索文旅融合发展规律，制定融合发展的总体原则和指导思想，建立整体工作框架，为融合发展指引方向。相关管理部门在机构合

---

① 马勇，李玺. 旅游规划与开发［M］. 北京：高等教育出版社，2002.

并、人员整合的基础上，进一步推进职能融合，更有利于有效发挥政府职能，开展旅游综合管理体制改革；在综合考量经济效益和社会效益的基础上，探索文化旅游项目的具体评估制度，建立科学的文化旅游产业发展整体评估体系，为政府决策提供科学、量化的依据。

山西要建立一个健全而活跃的资本市场，完善多元化投融资机制，不断加大财政金融支持力度，充分发挥金融资本对文旅产业发展的支撑作用；完善市场机制，维护市场繁荣有序，让市场的力量在文旅融合中起到关键作用。国内及国际市场的消费需求为文旅产业提供了融合的方向，山西应着力打破行政壁垒、区域壁垒、行业壁垒，引导文化旅游发展要素流动，加快形成统一的文化旅游大市场；围绕市场需求，发挥市场作用，提高资源配置效率，从而提供丰富多样、特色鲜明的文化旅游产品；用市场检验文旅融合的效果与质量。文旅产品得到市场认可的表现：不断变化的市场需求得到满足，消费满意度进一步提升，盈利模式得到创新，市场利润不断增加。政府要充分应用市场的反馈功能，合理评估文旅融合的状况及原因，及时采取措施，解决融合过程中存在的问题。

二、建设基础设施，提升公共服务

1.进一步保护和改善生态环境

政府要加强生态环境治理，减少长期以来发展煤炭等重工业对环境造成的破坏，减少对水资源、土地资源、生物资源的污染；加大对历史建筑、传统村落、文化遗址、主题公园等文旅资源周边环境的保护力度，形成完备的生态保护体系。

2.优化文化旅游发展环境，完善相关配套设施

政府要加强民航、铁路、公路等基础设施建设，改善通达条件，重点形

成高级公路、主干公路、旅游景区环线公路等旅游交通网络，引导和鼓励开通旅游景区景点之间的旅游专线客车，提高山西旅游景区的可进入性；推进旅游休闲设施建设，打造特色文化主题旅游线路①，美化旅游线路沿线风景。旅游业的发展必须有完善的城市公共服务体系做支撑，山西须加快旅游集散中心、旅游咨询中心、呼叫中心、医护中心和景区旅客服务中心的建设，不断完善集散咨询服务体系。支持市、县级优秀旅游景区的发展，全面改善城市面貌，不断完善服务功能。除了为游客提供基本公共服务，还要着力提升公共服务水平，探索推进公共文化服务社会化的新思路、新途径，促进供给主体多元化、服务内容多样化、公共服务个性化，更好地满足游客对公共服务的需求。完善产业公共服务平台，扩大公共文化服务的覆盖面。整合数字资源，充分利用大数据等互联网信息，不断提升文化旅游服务智能化水平，为游客提供更加丰富、便利的公共服务。

3. 加大文化旅游景区硬件投入，完善基础设施建设，加强旅游服务管理

政府要扎实推进"厕所革命"，建立规范、科学、完善的引导标识系统；着力解决住宿条件差、购物不方便、景区物价高及娱乐活动单一等突出问题，维护游客的利益，提供良好的旅游休憩服务，促进文化旅游对区域经济的拉动作用；改善旅游软件环境，开展对旅游地居民教育培训，使其参与旅游人文环境建设并从中受益，提高景区工作人员职业素养、区域民众素质以及政府的公共服务能力，逐步树立"处处都是旅游环境，人人都是旅游形象"的理念，营造热情友善、愉悦轻松的旅游氛围，推进文明旅游，建立共建共享的全域旅游治理模式；保持良好的治安环境，提高灾害风险管理能力以及应对突发事件的应急管理能力。

①　国务院办公厅. 国务院办公厅关于促进全域旅游发展的指导意见［EB/OL］.（2018-03-22）［2023-04-13］. https://www.gov.cn/zhengce/content/2018-03-22/content_5276447.htm.

三、加强市场监管，构建诚信市场

2019 年，山西省晋中市 5A 级旅游景区乔家大院被文化和旅游部做出摘牌处理。调查报告显示，景区存在过度商业化、景区综合管理能力有待提高等方面的问题。[①] 这件事情暴露了山西文化旅游市场存在的问题，为山西文化旅游市场监管敲响了警钟。只有创造良好的市场环境，才能为文化旅游继续保持平稳有序的繁荣发展打下坚实的基础。因此，政府要加强市场监管，具体措施如下：不断健全市场监督体系，改变旅游文化多头管理、政出多门、职能交叉的状况，建立起协调统一、富有活力、符合市场经济规律的文化旅游综合执法机制；[②] 运用互联网、大数据技术，加大对重点领域的动态监测，强化风险预警，能够有效预判风险，及时应对，提升监管服务水平和效率；加快推进文化和旅游领域信用体系建设，建立以信用监管为核心的新型监管制度，完善企业及从业人员的诚信档案，开展企业信用评价，树立诚信典型，引导旅游消费，使诚信企业切实获益；严格执法，对"黑名单"企业实施信用惩戒，严厉打击各类对消费者的欺诈行为，积极营造诚实守信的消费环境，确保各类文化和旅游市场规范有序。

四、培育融合主体，优化营商环境

市场主体是文化旅游市场发展的基本细胞和力量单元。主体融合作为文旅融合的主要路径之一，既包括文化企业与旅游企业建立密切的合作关系，实现互利共赢，也包括原有的文化企业或旅游企业通过业务扩展、兼

---

① 乔家大院被摘牌，问题出在哪儿了？［EB/OL］.（2019-08-04）［2023-04-13］. https://baijiahao.baidu.com/s?id=1640825452687104153&wfr=spider&for=pc.

② 朔辰 . 全力打造富有特色的文化旅游强省［N］. 山西日报，2018-11-05（1）.

并收购、改革重组等方式，成为文化旅游领域的市场主体。主体融合有利于资源的互补与共享，发挥协同效应，对于促进文旅资源融合、市场融合、产品融合、技术融合、功能融合作用显著。因此，融合主体的培育关乎文旅融合的深度及产业的长远发展。

山西文化旅游市场从层次上而言，包括全省大市场、区域中市场、景区等小市场；就市场模式来说，包括文化遗产旅游市场、文化演艺旅游市场、主题公园市场等；从文化内涵角度来说，包括晋商文化旅游市场、红色文化旅游市场、佛教文化旅游市场等。不同类型市场的游客构成、运营模式、规模大小等存在差异，应促进旅游投资主体多元化，培育多层次、多类型的旅游市场主体，形成合理的市场主体结构，共同支撑文化旅游产业的发展。

1. 大力发展旅游骨干企业和大型旅游集团

一方面，推进国有企业改革，构建现代管理制度，打造以山西省文化旅游投资控股集团有限公司为代表的本土大型国有企业，发挥其既具有发展基础又熟悉市场特点的优势，面向山西整体发展规划，统筹利用资源，聚焦文旅主业，布局全产业链，发挥旗舰优势，起到引领示范作用；另一方面，找准与山西文旅发展的契合点，引入华侨城集团有限公司等省外优秀文旅企业，借助其成熟的运作经验和雄厚的资金实力，快速推动文化旅游资源整合与开发，做大山西文旅市场。通过培育和引入并重，促进规模化、品牌化、网络化经营，提高文旅企业运营管理水平，有效带动山西文旅产业整体发展以及重点、标志性项目的落地实施。

2. 支持中小微企业特色化发展

在文化旅游产品生产、项目开发、餐饮住宿、旅游服务等领域，聚集着大量小微企业，它们在产业发展中扮演了重要的角色。相关统计数据显示，目前我国小微文化企业的数量占到文化企业总数的 80% 以上，其在丰富文旅产品供给、活跃文旅市场、激发产业活力、促进创新、满足人民精神文化需求等多个方面发挥着积极作用，已经成为推动我国文化产业繁荣发展的重要力量。[①] 但是，目前山西文旅小微企业数量相较于产业发展需求仍显不足，区域分布不均衡，主要集中于太原等地区，并且存在资金实力较弱、抗风险能力较差的问题。政府须通过资金支持、税收减免等措施扶持其发展，加大文化旅游领域创新创业支持力度，特别是技术性、创意性项目的转化，培育一批"小而精、小而特、小而优、小而新"的市场主体，增加小微企业的数量，并提升其质量，逐步形成骨干引领、小微突破、协调发展的良好局面。

3. 优化营商环境

营商环境是市场主体生存发展的土壤。良好的营商环境有助于激发市场主体活力，增强产业发展动力。优化营商环境需要进一步深化放管服改革。这既是一项系统工程，又是一项基础性工程。政府要尊重企业主体地位，保护市场主体；破除门槛，降低市场准入门槛，特别是激发小微企业投资热情，使更多的人有机会成立小微企业，进入文旅市场，拥有成长发展的机会，使文化旅游市场具有持续的发展动力；完善文化旅游市场退出机制，降低市场主体退出成本。政府要减少对文化旅游市场的直接干预，营造开放、有序的市场环境。进一步增强相关政府部门的服务意识，着力提升政务服务能力和水平，充分利用数字新技术搭建服务平台，为市场主体提供规范、便利、高效的政务服务。健全法制保障，构建公平、透明的法制环境。创意是文化旅游发展，特别是艺术品、纪念品、民俗文化开发方面重要的驱动力，知识产权保护成为保障文化产业健康、持续发展的重要助力。政府要不断健全文化旅游知识产权保护制度，围绕商标注册、地理标志申请等方面，做好知识产权保护工作。

---

① 张婧. 助推中小文旅企业高质量发展［N］. 中国文化报，2019-11-26（5）.

第三节　深化市场融合，扩展融合模式

市场融合就是文化市场与旅游市场实现有机融合。文化市场与旅游市场虽然各具特点，但存在着千丝万缕的联系。文化市场面向社会文化需求，实现文化产品生产、交换、消费，按照市场交易的商品属性，包括印刷出版市场、文化用品等有形产品市场，以及影视市场、演出市场、娱乐休闲服务市场、创意设计市场等无形服务市场。旅游市场是旅游产品供求双方交换关系的总和，也是旅游生产者与旅游消费者的中介。了解和感受旅游地独特的文化是人们开展旅游活动、进行旅游消费的基础。市场需求的一致性使文化市场与旅游市场形成明显的交集，奠定了市场融合的基础。充分利用各自原有的市场优势，发挥市场协同作用，促进产品融合、渠道融合，是实现市场融合、扩展融合模式的重要内容。

一、深挖文化价值，推动资源融合

文化产业和旅游产业都属于资源高度依赖型产业，整合文化资源、旅游资源，深化资源融合是推动文旅融合发展的前提条件。山西在整合文化资源、旅游资源方面具体需把握以下两点。

第一，在加强文化资源保护的基础上，加强资源尤其是戏曲、饮食、民俗以及历史故事等非物质文化资源的开发。山西文化资源的开发绝对不是简单地将文化资源"圈起来"，而是按照产业规律，在资本、人才、创意、技术等要素的共同作用下，充分发挥市场效用，把更多的文化资源转化为旅游资源，使抽象的文化符号变成符合需求的旅游产品与服务，使其具备旅游开发价值。同时，充分发挥山西区域文化资源的优势，将这些文化资源融入吃、住、行、游、购、娱各个环节和旅游业发展全过程，营造浓厚的文化氛围。

第二，挖掘旅游资源的文化内涵，使旅游资源成为文化资源。旅游资源的市场开发往往只重视外形的展示，忽略了其所蕴含的文化价值。开发商需要挖掘山西旅游资源的文化内涵，凸显其文化特色，建立文化主题鲜明、文化要素完善的特色旅游目的地，使旅游资源成为文化传播的载体，让游客能够在旅游的同时体验、理解、领悟山西文化的独特内涵与魅力。比如对晋商大院的开发，不仅注重历史建筑、文物等的展示，而且注重凝练晋商文化的深层次内涵，以晋商精神为文化定位，提升文化品位，打造文化旅游 IP，凸显旅游资源的文化特色，使游客在了解晋商历史的同时深刻感受晋商文化的灵魂。

二、丰富旅游产品，拓展商业模式

1. 以产品融合为重点推进市场融合

牢固树立市场观念，以旅游市场需求作为旅游产品开发的出发点。促进特色文化资源与现代消费需求有效对接，应用大数据、移动互联网等新技术，通过大量采集消费数据，对消费者形成系统、深入的认识。围绕消费需求，整合文化旅游资源，将文化旅游资源变成游客可以观赏、参与、体验的旅游产品，实现资源向产品转化。随着文旅融合的深化和消费需求的升级，传统的文化旅游产品的吸引力逐渐减弱。中国青年报社会调查中心的调研显示：61.9% 的受访者认为文化旅游形式单调重复、千篇一律；56.0% 的受访者认为文化旅游没有挖掘文化内涵、没有突出地方特色；54.9% 的受访者认为文化旅游产品的体验性不够。[①] 旅游产品开发应重点做

---

① 王品芝，李丹妮．文化旅游产品如何才能更有文化［N］．中国青年报，2019-03-28（8）．

到市场定位准确，主题突出，强调特色，创意和科技相结合，将山西文化有机融入旅游产品中，提供差异化、具有鲜明文化特色的旅游产品，提升产品价值。

2. 旅游产品突出文化创意与体验

丰富旅游产品种类，突出文化创意与体验，让文化以更加直观的形式呈现，给文化旅游产品开发注入新的活力。同时，在着力打造主IP的基础上，延长产业链，开发衍生产品，使文化资源开发由一次性开发变成多次开发，极大提高文化资源的利用率。[①] 作为山西本土最大的文化历史博物馆——山西博物院近年来做了很好的探索与尝试，以丰富的馆藏和展览资源为设计元素，秉持"文化、创意、生活"的理念，潜心研发了精品高仿、家居生活、服装配饰等一系列集观赏性、实用性、历史性、文化性和唯一性于一体的特色文创产品，市场反响良好。基于山西文旅发展战略，可以围绕黄河、太行、长城三大文化主题，集中开发一批主题文创产品、特色非遗产品等多种类型的系列旅游产品，丰富旅游商品供给，形成示范引领效应，高质量打造山西文旅品牌产品。

3. 科技赋能激活文旅融合新热潮

以科技架起文化和旅游深度融合之桥，积极利用新技术、新材料、新装备，让古老的文化能够融入现代的潮流，提高旅游产品科技含量，不断扩展文化旅游衍生产品市场。依托山西的特色文化资源，利用虚拟现实、3D全息投影等技术开发以根祖文化、红色文化等为主题的游戏、动漫、互动体验等多元化文化旅游产品，建立起传统和现代之间的通道，使厚重的文化能够轻松地表达，让山西文化真正"活"起来，使游客能够获得交互式、情境式和沉浸式的体验，使文化传播、历史传承、文化教育与旅游的休闲娱乐、获取知识等功能有机结合，实现文化旅游的提质升级，更好地

---

① 张胜冰. 文旅深度融合的内在机理、基本模式与产业开发逻辑［J］. 中国石油大学学报（社会科学版），2019，35（5）：94-99.

适应产业市场未来发展的趋势。

以山西晋商文化为例，过去以此文化脉络和文化资源为核心的文化产品开发以舞台表演和实地文化旅游等形式为主。现在可以充分利用虚拟现实、3D 全息投影等技术开发以晋商文化为主题的游戏、动漫等多元化文化旅游产品，以互动的方式形象生动地展示晋商曾经的历史，让晋商文化真正"活"起来，使文化传播、历史传承、文化教育与旅游的休闲娱乐、获取知识等功能有机结合。

三、发挥渠道优势，扩展市场空间

综合利用传统文化市场与旅游市场的渠道优势，形成互补的同时促进渠道共享，从而建立起高效统一的大市场，有效扩展市场空间。出版市场、影视市场等文化传媒市场拥有天然的媒介属性，借助文化市场的传播优势，对文化旅游进行宣传，能够扩大市场知名度，提高旅游吸引力。通过宣传观念现代化、策略多元化、载体立体化、内容特色化，打造国内国际知名的文化旅游品牌和高水平复合产业市场。[①] 故宫博物院和北京电视台出品了文化节目《上新了·故宫》。在每期节目中，嘉宾跟随故宫专家进宫识宝，探寻故宫历史文化。这种形式丰富了节目的内涵，让观众更加直观地了解当时人物的生活，充分展现了故宫的历史文化魅力，增进了观众对文化历史的关注与了解，促进了故宫旅游的发展。

近年来，"网络直播＋旅游"快速兴起，比起传统的图文和视频，旅游直播更具真实性、互动性，更能做到"所见即所得"，在一定程度上与传统的旅游攻略形成互补，成为旅游资源、旅游产品展示、销售的新型平台，其营销渠道的功能不断放大。山西需要抓住这一发展热潮，充分发挥网络

---

① 燕连福.新时代文旅融合发展：一个新的增长极［J］.人民论坛·学术前沿，2019（11）：71-79.

媒体的渠道优势，通过挖掘山西优势文化，开发独特的文旅线路，以样式多元、更富创意的方式全面展示景观、历史、文化、民俗等，形成一系列特色鲜明的直播内容，使游客对山西文化旅游的认识更深、关注度更高，引发旅游兴趣和消费行为。此外，山西还可以通过"旅游直播＋带货"的方式，有效扩展文创产品的销售渠道。

研学旅游、休闲旅游等多样化的旅游形态，以不同的方式满足游客的需求，成为文化展示的良好载体。游客在旅游过程中通过实物参观、体验等方式，可以近距离地感受文化、了解历史，进而传播文化。同时，旅游市场也为文化产品销售提供了场所，一方面，游客通过参观、体验，理解、认同了文化，更容易接受、认可相关文化产品与服务；另一方面，借助一体化的旅游市场体系，有效扩大了文化市场消费人群。全方位、宽领域、多渠道地开拓国内和国际客源市场，创新旅游电子商务模式，推进线下与线上渠道相结合，是山西文化旅游市场发展的必然趋势。

第四节　打造产业集群，促进产业融合

一、以完善产业链条为基础，形成产业集群

由于文化旅游产业内的社会分工，一系列分工不同的组织群体基于内在的技术与经济关联形成了链条式形态，由此构成了文化旅游产业链。该产业链既涉及食、住、行、游、购、娱等各个领域，又包括企业、政府、中介机构等各类主体。按照产业链的逻辑关系，该产业链可以分为上游、中游、下游三个产业群，其中上游产业群主要负责文化旅游产品研发设计、景点规划、原材料供给，中游产业群主要负责文化旅游产品生产、配套服

务建设，下游产业群主要负责市场销售以及售后服务等。产业链内各环节相互联系，存在各种物质、能量以及信息的交换和传输。随着产业发展，山西文旅产业链已初具规模，形成了较为完整的体系，但仍存在文化旅游与创意设计、信息服务等关联产业不能够充分衔接、产业链延伸不足等问题。这些问题影响了产业链的规模，制约了在更大的产业范围内形成协同与融合。深化文旅融合就是要调整和延伸原有产业链，形成以文化旅游市场为核心的新型产业链。山西须不断扩大产业链规模，充分利用产业链纽带机制，加速产业发展的交叉和渗透，然后依托产业链，推动山西文化旅游集群化发展。

产业集群是文化旅游产业发展的高级形态。通过积极搭建开发平台、合作平台、服务平台，培育产业集群，对于文化旅游发展有着显著作用。第一，有利于降低成本费用。文化旅游企业间彼此分享信息资源、人力资源、物质资源、市场资源，从而降低研发成本、生产成本、营销成本等成本费用。第二，有利于促进产业创新。创新产生于知识和信息的传播，集群内不同企业拥有相同的产业背景，可以加强显性知识、信息的传播与扩散，同时促进隐性知识、信息的快速传播，从而推动产品创新、技术创新、模式创新、渠道创新等。第三，降低投资风险。通过企业间系统，减少文化旅游项目重复性投资；依托文化旅游项目开发，建立企业间合作伙伴关系，分担投资成本，降低投资风险。第四，增强产业竞争力。产业集群的竞争力不仅依赖于集群内的企业个体，更源自各种规模的企业通过网络连接所形成的企业联盟。企业间的相互协作提升了整体竞争力，产生 1+1>2 的集群效应。

二、以合作共生为核心，促进区域联动

1. 重点旅游区域带动周边区域

山西省内各区域依托各自的资源优势，形成了各具特色的文化旅游发

展格局，但仍主要以地方独立发展为主，区域间的联系、合作较少，无法有效发挥重点旅游区域对周边区域的带动作用，形成 1+1>2 的发展优势。因此，形成省内区域联动成为山西文化旅游整体发展的重要内容。一方面，发挥太原、大同、运城等旅游中心区域示范优势，对周边地区起到辐射带动作用。以太原为例，作为省会城市，它在政治、经济、文化方面拥有强大的实力，是山西重要的旅游集散中心。近年来，太原依托高铁站、汽车站等交通枢纽，山西博物院、山西大剧院等高等级场馆建设，形成了太原文化旅游中心；通过旅游公路建设等，形成以东西山为界，北至尖草坪区、万柏林区、阳曲县，南到晋祠、天龙山、龙山、太山、蒙山、晋阳古城一线的环状旅游区，并成为旅游示范区，对晋中、忻州、阳泉等区域起到了明显的辐射带动作用。另一方面，以空间地理为基础，文化主体为纽带，通过交通网络建设，打破区域限制，打造文化旅游带，将各文化旅游目的地串联起来，促进文化旅游区域联动。2018 年，山西省明确提出了发展黄河、太行、长城三大板块旅游发展规划，其中，山西省黄河板块主体区包括 4 个市的 19 县，关联区包括 6 个市的 30 县；太行板块主体区包括 6 个市的 29 县，关联区包括 6 个市的 31 县；长城板块主体区包括 3 个市的 31 县，关联区包括 5 个市的 13 县。[①] 以黄河旅游板块为例，按照规划将建成黄河一号旅游公路，连接偏关老牛湾、黄河壶口、碛口古镇等著名文化旅游景区以及众多特色旅游项目，建构"一条黄河廊道、四大旅游核心、四个旅游名县、六大主题游线、八大特色景区"的空间大格局，带动板块内各区域整体发展。相信三大旅游带的建成将会推动山西文化旅游发展再上一个新的台阶。

2. 与周边省份合作，开发跨区域旅游路线

促进跨区域合作，推动山西省与周边省份文化旅游互惠共生发展。扩

[①]　山西省黄河、长城、太行三大板块旅游发展总体规划印发［EB/OL］.（2018-06-25）［2023-04-15］. https://lfw.sxxz.gov.cn/zwyw/201806/t20180625_987411.html.

大对内对外开放，以平等互利为基础，进行协作，制定共生发展战略，形成具备协调性、整体性的统一规划；建立跨区域的旅游管理体制，组建协调管理机构，完善跨区域协调机制；打破行政区域界限，健全统一的旅游产品体系、服务体系、政策体系，营造协同发展环境；打破地区保护壁垒，促进客源、资金、人才、信息、技术等共生要素跨区域合理流动，发挥各自的比较优势，构建分工合理、发展协调的产业结构，推进公平竞争，形成文化旅游大市场；发挥晋陕豫、晋冀豫、晋冀蒙三个"金三角"的作用，开发跨区域旅游路线，打造一批具有特色和影响力的文化旅游项目。

三、以第一、第二产业为重点，推进跨产业融合

以"文化＋旅游＋工业"的模式将工业文化与现代旅游业有机结合，推动文化旅游与第一产业的融合，大力发展工业文化旅游。在工业化过程中，由于一些产业衰败或资源枯竭，形成了很多工业遗产。作为文化遗产的重要组成部分，工业遗产不仅是文化旅游发展的宝贵资产，也对城市存量土地盘活、人居环境改善、居民生活质量提升起着关键作用。工业文化遗产旅游开发就是在对废弃的工业旧址进行保护的基础上，通过对原有的工业机器、生产设备、厂房建筑工业考古等工业遗产进行保护性再利用，从而产生使人们想要了解工业文明的吸引力，并具有一定的观光、休闲功能。作为一种新的旅游形式，工业文化遗产旅游逐步发展起来，较好地满足了旅游者"求知、求异、求新、求奇"的需求。首钢石景山厂区的关停让曾经机器轰鸣的老厂区日渐沉寂，但工业遗存改造使其拥有了新的使用功能。伴随着北京冬奥会的举办，首钢滑雪大跳台见证了各国运动员逐梦的场景，给全世界留下了深刻的印象，迅速唤醒了这个老厂区，使其成为热门旅游打卡地，焕发出勃勃生机。

山西是我国重要的能源重化工基地，有着以煤炭、冶金、电力、机械等

为代表，以重型结构为特征，门类齐全的工业体系。此外，山西还有汾酒、陈醋、中药材生产等轻工业，长期以来积累了丰厚的工业遗产。截至 2020 年，工信部认定国家工业遗产共 4 批 62 个，山西省共有 6 个入选，即山西北方机械控股有限公司工业遗址太原兵工厂（1819 产业园区）、阳泉三矿、"刘伯承工厂"旧址、石圪节煤矿、高平丝织印染厂、杏花村汾酒老作坊及传统酿造区。[①] 基于良好的资源基础，山西发展工业文化遗产旅游起步较早。1989 年，山西建成了中国煤炭博物馆，把煤炭的产生与发展从白垩纪一直讲到了现代。该博物馆以高新技术和艺术相结合的方式建成模拟矿井，建造出逼真的煤巷。这是全球第一个实景体验 1∶1 复制的地下模拟矿井，参观路线有几百米长。游客能看到从古至今的煤井模型，身临其境般感受煤矿工人的工作环境。平朔露天煤矿在开发之初就制定了边开采边恢复生态的理念，并于 20 世纪 90 年代开辟了工业旅游线路，在展示现代化采掘工业设施和工作场景的同时，向游人讲述这一巨型工业项目建设时的重大历史背景。近年来，山西陆续开发了 1898 太原兵工厂文化产业园、晋华宫国家矿山公园、太钢博物园、东湖醋园等，涵盖了煤炭、钢铁、军工等工业大类。旅游形式从早期以博物馆为主，逐步向创意园区、产业园区、遗址公园等转变。

山西工业文化遗产旅游的发展虽然取得了较好成效，但仍处于起步阶段，存在产业支持力度弱，工业旅游点偏少、接待量较小，工业遗产开发形式单一，工业旅游未成体系等问题。因此，山西应着重在以下几个方面发展工业文化遗产旅游：第一，加大工业遗产资源的保护。由于工业企业衰落、厂址搬迁，很多原来占据城市中心位置的大量厂房、设备闲置，失去了原有的使用价值。许多地方只看到了厂房土地的商业价值，却忽视了其所承载的工业历史文化内涵，如果不善加保护，很容易造成工业旅游资源的破坏和流失，并且很难挽回。第二，创新和完善工业旅游发展政策与

---

① 王爱琴委员：工业旅游为资源型地区转型"另辟蹊径"［EB/OL］.（2022-03-05）［2023-04-15］. http://sx.people.com.cn/n2/2022/0305/c189132-35160693.html.

法律，尤其是注重资金支持政策的制定，为发展工业文化遗产旅游提供政策保障。将工业城市改造同工业旅游发展相结合，进行统筹规划，兼顾工厂、工人、周围居民等各方利益分配，使工业遗产再利用与城市功能健全发展相协调。第三，充分利用工业生产工艺、工业生产设施、工业生产流程、工业生产环境、工人工作与生活的场景以及工业遗址等工业文化资源，突出工业遗产的文物性和历史厚重感，挖掘文化价值、艺术魅力与娱乐属性。因地制宜地适当加工、改造，融入现代旅游业中的购物、展览、节庆、主题游乐等元素，将文化创意与工业遗产进行有机结合，多种形态发展工业文化遗产旅游，让游客既能了解工业文化历史，又能体会时代的变迁。第四，除了工业遗产，工业发展所创造的很多新兴成果也是工业旅游开发的资源，在发展工业遗产旅游的同时，加大现代工业旅游开发。突破传统的游览模式，利用数字媒体等前沿技术，专门开发供游客参观体验的新型互动式装备，不断扩展工业文化旅游的内涵和外延，在新时代赋予工业文化旅游新的功能。

以"文化＋旅游＋农业"的模式发展乡村文化旅游。农业与文化自古以来息息相关，乡村的山、水、田、林和丰富的农业活动承载着千年的农业发展所积淀出的浓厚的农业文化。乡村文化旅游的吸引力来自原生态的生活环境、返璞归真的生活方式以及自然淳朴的民风民俗。旅游者走进乡村，欣赏美丽的田园画卷，体验丰富的乡村生活，感受乡村不同于城市的独特魅力，享受回归自然的乐趣，获得乡村文化的洗礼。山西东部与太行山接壤，西部与黄河接壤，具有深厚的农业文化底蕴、丰富的自然景观，素有"表里河山"之称；独特气候与土地条件，造就了种类众多且营养丰富的特色农产品，如沁州黄小米、隰县玉露香梨、交城骏枣、吉县苹果、寿阳豆腐干、黄河鲤鱼、汾州核桃等，具有发展乡村文化旅游的得天独厚的条件。

目前，山西乡村文化旅游发展时间较短，还不够成熟，具体表现为：乡村旅游的文化味还不够足，没有充分重视地方特色文化的挖掘和传承；

发展模式较为单一，同质化现象明显；从业人员素质普遍偏低，缺乏规范的经营管理；基础设施不够健全，没有形成完善的垃圾处理等配套设施；利益挂钩不紧密，覆盖面狭窄，有损害农民利益的现象等原因，导致农民参与、支持的积极性不高。因此，在乡村文化旅游发展中，山西应大力整治乡村环境，坚持"根在乡土，本在农业，魂在文化，出在旅游"，将旅游与乡村的农耕文化、建筑文化、饮食文化、手工艺文化、家庭文化有机结合，使乡村自然优美的田园风光与本土文化交相辉映、融为一体，增强乡村旅游的文化附加值和市场吸引力。按照"创新、协调、绿色、开放、共享"的发展理念，大力发展乡村生态旅游、观光农业、乡村文化旅游等，积极推进乡村民宿、文化创意农园、田园综合体等"农文旅"新业态。产品定位突出乡村旅游资源价值和市场需求，产品体系依托乡村资源特色和游客体验性需求。① 参与主体多元化，以政府为主导，以企业、社会组织、村集体、村民为主体，充分尊重农民主体地位，带动当地群众增收致富，增强当地群众的获得感、幸福感，使乡村文化旅游更加规范化、规模化。通过政府引导、市场主导、社会参与等多方面的统筹规划，推进乡村文化旅游的可持续发展②，促进农业、文化、旅游三大产业的深度融合。

第五节　发挥品牌优势，传播文旅形象

文化旅游品牌是一种无形资产，作为旅游地的标识，是对文化旅游品质、游客的利益的承诺。良好的品牌能够充分展示旅游地的文化魅力，在

---

① 冯巧玲，张江勇，李萃.基于"农文旅"产业融合的城市近郊山区乡村振兴模式探索：以福建省寿山乡为例［J］.小城镇建设，2019，37（10）：67-75.
② 邵明华，张兆友.国外文旅融合发展模式与借鉴价值研究［J］.福建论坛（人文社会科学版），2020（8）：37-46.

旅游者心目中建立起独特的旅游形象，形成市场竞争优势，同时有效促进旅游地的文化传播，对于文旅产业升级具有积极作用。面向融合趋势，塑造优势文旅品牌形象、赋能文旅发展无疑是一项复杂而系统的工程，也是一条必由之路，需要企业、政府、行业协会等多方主体的共同努力。

山西文化旅游品牌体系的构建要站在全省文化旅游统筹发展的战略高度，整体谋划。在不同地域、景区，根据不同的市场特点和需求，打造一批具有鲜明特色的地方性或主题性文化旅游品牌，在此基础上，以互补优势打造以区域合作为基础的整体品牌，是山西文化旅游品牌建设的重点。发挥品牌的利益共享性、外部效应，从而带动全省各区域文化旅游形象的提升，增强区域间的凝聚力。

一、形象塑造

明确品牌定位、目标、核心价值、符号表达等要素，塑造差异化的文旅形象，有效与其他有着相近文化资源的省份形成明显区分，是山西文旅品牌建设的首要基础。山西独特的文化资源因其难以复制性为文旅形象差异化定位提供了先决条件。山西应遵循整体利益最大化的原则，在打破行政区划界限的基础上，梳理、整合全域的文化资源、历史背景、精神特质、发展脉络以及旅游服务和旅游环境，深入分析与主要竞争省份间的差异与优势，充分挖掘自身旅游文化的内涵，切实用魅力文化诠释旅游，以特色旅游传播文化，从而提炼出独一无二的品牌核心文化价值和符号表达，以此作为塑造个性化形象的主要依据。同时，文旅形象定位要以市场为导向，充分考虑现实旅游者和潜在旅游者的内在需求，通过开展市场调查等方式，深入分析旅游者对山西文化旅游形象的感知现实状况以及内在文化需求，使所确定的山西文旅核心价值取向与消费需求保持一致，引导受众对山西文旅品牌及文游形象产生认同感，引发消费共鸣，带动文化旅游的热情和消费力，同时激发旅游者从自身角度将山西的文化内涵进行更深、更广的传播。在过去一段时间内，山西所形成的"华夏古文明，山西好风光"的文旅形象口号很好地突出了历史的厚重感，改变了山西文旅缺乏整体形象的局面，但存在难以与现代旅游者尤其是年轻人的旅游需求有效对接的问题。因此，在传承传统文化的同时，山西还需要将其当代的文化特色有机地融入品牌形象中。

文旅品牌形象的塑造要符合山西文化旅游发展的整体规划、服务战略重点。山西省在构建文旅融合大格局、实现文旅大发展的三大旅游板块战略中，明确提出了"乐水、尚城、崇山"的旅游品牌体系和"黄河、长城、太行"文化旅游品牌建设的举措，旨在立足山西地方特色，注重新老结合，通过对文化与资源的充分挖掘、整合与创新，将山西黄河、长城、太行打造成全域范围内特色鲜明且具有系统性、可持续性的文旅品牌，以此塑造出内涵丰富、特色鲜明的山西旅游形象。

重视品牌设计在品牌形象塑造中的重要作用，用优秀的品牌设计激活品牌形象。将创意融入品牌设计中，将确定的品牌形象进行符号化的呈现，以精练的语言文字体现山西文旅的文化特色，以鲜明的标识给人以强烈的视觉冲击力，从而准确地向旅游者传达山西文旅的形象定位，让旅游者直观地感受山西文化旅游的魅力。

二、品牌传播

营销观念落后、宣传力度有限是山西文化旅游知名度不高、品牌形象模糊的重要原因。因此，山西必须抛弃"酒香不怕巷子深"的传统认知，以现代市场理念引领，针对目标游客的心理特点，利用广告投放、活动策划等各类营销手段，加大品牌传播力度，通过线上线下相结合、多渠道多平台相融合等方式进行宣传推广，将山西文旅的品牌价值传递给旅游者，在其心目中树立起品牌形象。

首先，明确传播目标，对内提升山西本土文化的优越感，促使省内民众为建立山西文化旅游的品牌做出贡献；对外使旅游者产生追求感和购买欲望，进而驱动旅游者来山西旅游。其次，制定系统化的品牌宣传策略，促进政府、企业、大众以及媒体多方主体上下联动、共同参与，最大化地整合各类传播资源和传播渠道为山西文化旅游提供展示窗口和广阔舞台。此外，加大国际市场的传播力度，促进国外游客数量持续增加。省政府担当起山西文旅品牌对外宣传的主要责任，联合各地市通过积极参加亚洲、欧美等海外市场的旅游会展，在主要客源地举办专场推介会，邀请知名人士来晋旅游考察，设立海外市场联络处等方式，不断扩大宣传范围，提高山西文旅品牌的国际知名度和影响力。

在全媒体时代背景下，短视频、微博等各类新兴媒体具有传播速度快、碎片化传播、内容丰富、互动性强等特点，对文化旅游营销宣传产生了巨大影响，成为讲好山西故事、建立山西文旅品牌的有力传播途径。例如，很多主播线下实拍取景，用线上方式呈现给用户终端。人们通过短视频对旅游地有了更深入的了解，由此产生旅游兴趣。我们可以有效利用新手段、新媒体，紧抓网络热点，制作和山西旅游产品契合的故事型、观赏型、体验型的高质量网络视频，从而围绕品牌形象不断推出吸引眼球的传播内容。比如，《印象平遥》通过新媒体的宣传推广，取得了较好的市场反响，彰显了晋商文化魅力，有效提高了平遥文化旅游的市场知名度和美誉度。

三、品牌管理

政府部门代表着公共利益，无疑是山西文旅品牌管理的重要主体。政府需要在品牌建设过程中发挥主导作用，有效平衡公共部门与私营部门、行业协会与文旅企业、景区与游客等各方的各种利益诉求，使其相互协作；

站在宏观的整体规划层面不断完善区域协调机制，并制定相应的实施方案和保障措施，将不同的文化旅游活动囊括在全域文化旅游范围内，加强各地各景区之间的协调配合，形成品牌共建共享的机制，避免重复建设和同质竞争，实现资源优化配置和效益最大化，让整体旅游品牌成为省内既具有联系又各具特色的不同区域间的桥梁，最大化地彰显山西文旅的核心价值。此外，政府还要引导民众积极参与品牌管理的过程。

品牌建设是一个长期的系统工程。要想使山西文旅始终保持较强的竞争力，品牌管理机构需要对文旅品牌不断进行统一的维护更新和提升优化，增强品牌活力和竞争力。持续对旅游目的地品牌的知名度、美誉度、忠诚度等方面的变化情况实施跟踪，要建立健全的受众反馈机制，让游客便于提出建议或投诉，根据游客的反馈及时做出动态调整，不断提高服务水平，使游客在动态调整中产生良好的体验，形成品牌偏好或消费黏性。

竞争激烈的旅游市场环境以及旅游行业的脆弱性，决定了旅游目的地必须具有高效的危机处理能力。品牌管理机构须针对经济、政策、社会、文化等市场环境的变化和随时可能出现的潜在危机建立品牌预警体系，强化自我诊断，及时发现薄弱环节。面对危机，采取措施，积极应对，全面、快速地处理危机，维护好品牌形象，避免品牌价值受到严重损害。

第六节　加快人才培养，强化智力支撑

人才要素是产业发展的强有力支撑，是驱动社会经济前进的重要力量。文旅产业已经融合发展成为综合性产业，作为知识密集型产业更加需要人力与智力的支撑。特别是随着数字化技术在文化旅游经营管理、营销服务、产品体验等环节的广泛渗透，文旅新媒体运营、智慧旅游方案设计、文旅消费大数据分析等一系列涉及数字化技术及服务的新型岗位不断涌现，需要很多既具有文化旅游基本理论，懂得经营管理，又能掌握文旅数字化基本应用的人才，这对文旅专业人才的培养提出了新的挑战。但从旅游产业发展现状来看，高素质、专业能力强的复合型高级人才相当匮乏，影响了文化旅游融合发展的质量和效益。因此，有关部门亟须落实人才发展体制机制改革以及财政支持政策，统筹推进创意策划、科技创新、运营管理、法律咨询等各类文旅人才队伍建设，为产业发展奠定具有持续创新的人才基础。

一、人才培养

山西须制定出台人才培养鼓励方面的政策，将文旅人才培养纳入全省人才规划范围，加快文旅复合型人才的培养，提高从业人员整体素质。加大对本土高水平专业人才的扶持培养力度，建立一批文化旅游实践基地，定期对旅游直接从业人员进行业务培训，特别是加大青年骨干人才培养的力度，加强高层次人才后备队伍建设。完善从业人员的相关培训制度，建立等级、职称评审等相关机制，鼓励从业人员不断提升自身素质。

要加强对文化旅游专业教育的投入和支持，着眼于文化旅游交叉学科体系的建设以及实施应用的转化，不断优化本科和职业教育等相关专业设置，选择办学实力强、特色突出的旅游院校，组建独立建制的旅游专业本科学院，多方位、全学科地构建本科、职业专业体系，培养具有创新精神和实践能力的复合型人才。立足文旅发展前沿，围绕产业融合，科学地设置课程内容。由专业教师与行业专业人员共同组成教师团队，采用联合教学的方式，理论与实践相结合，培养精通文化旅游管理的高层次人才。鼓励各专业人才跨专业协同，形成专业化、高效的团队，为文旅产业发展输血。

强化教育机构和文旅企业间的合作，充分利用教育领域在科研、技术及人才方面的优势，互利互赢，拓展合作共建的方式。以产学一体模式建立联合人才培养机制，打造创新育人体系；调动院校师资力量，共建业务培训基地；整合政府、企业、院校、科研机构力量，建立文旅发展研究机构以及旅游文化高端人才智库，以智力拉动产业高质量发展。

二、人才引进

通过国内、国外文化旅游领域高层次领军人才的直接引进或柔性引进，快速投入产业发展与建设，能够有效缩短人才培养的时间，减少支出的资金成本。

人才的引进要通盘考虑、宏观设计，从战略高度把握产业发展的格局和重点方向。以现存人才结构分析为基础，明确行业内所需人才在专业技术、能力素质、经验背景等不同方面的类型和特点，发挥政府宏观调控的作用，制订引进人才的类型和数量规划，特别要注重文化旅游知识型人才、技术开发型人才、创新驱动型人才或科技骨干型人才的规划，优化人才资源配置。在人才的引进来源上，国内外文化旅游企业、省内外高校、优秀服务行业领军人物等都可以作为完善文化旅游人才队伍建设的重点引进对象。充分利用互联网、社交媒体等平台，拓宽文化旅游人才的来源渠道，吸引更多有志于从事文化旅游事业的优秀人才。建立灵活多样的文化旅游人才引进机制，如采取政策倾斜、项目合作、订单培养等多种方式引进适合的文化旅游人才。切实将好钢用在刀刃上，把引进人才落实到具体的旅游项目建设中，让具有特殊才能的专业人才和管理人才以各种方式参与收益分配，最大限度地发挥人才效能，逐步构建起有利于优秀人才成长的选人、用人体制，促进文化旅游产业跨越式发展。

三、人才激励

在文旅竞争日益激烈的背景下，强有力的激励机制是留住人才的关键，也是促进文旅产业长足发展的重要手段。良好的激励机制能够使现有人才充分发挥主动性、积极性乃至创造性，更能吸引行业内的潜在优秀人才加入。

进一步破除制约人才发展的体制机制障碍，下放用人自主权和用人单位的主体责任，以正确的人才发展理念为引领，构建公开、公平、公正的环境，为人才提供职业发展机会和施展才能的空间，吸引人才聚集。要建立以能力为导向、绩效为依据、市场为参照的文化旅游人才评价标准，明确以激励为目标、竞争为手段、公正为原则的人才评价制度，实行动态管理和分类考核。充分发挥优秀拔尖人才、骨干人才、青年人才的作用，推动基础研究、应用基础研究、技术创新、成果转移转化和支撑服务等各类人才均衡发展，提升人才队伍的持续创新能力，优化人才结构的动态调整。

"让事业激励人才，让人才成就事业"，要树立从业人员强烈的使命感，使其找到归属感、存在感和强烈的自我认同感，通过文旅事业的发展成就自我，彰显个人价值。不断丰富激励方式，对具有突出研究成果和实施成果的文化旅游领军人才、高层次人才、特色人才等重点群体，给予政策、资金等多种形式的支持。以关怀为纽带，充分了解从业人员的内心所想，了解其工作、生活需求，关心其在工作中可能顾虑的问题，并帮助其解决问题，使其获得情感满足，促进其成长、充分发挥才能。挖掘行业内涌现出的"标杆人物"，使其发挥榜样的带动作用，通过举办表彰大会、开展优秀事迹宣讲等形式的活动，使榜样的力量深入人心，营造敢于争先、乐于奉献的工作氛围。

附　录

级别	数目	景区名单
5A 级景区	9	大同市云冈石窟、忻州市五台山风景名胜区、忻州市代县雁门关风景区、绵山、平遥古城、壶关县太行山八泉峡景区、皇城相府、洪洞大槐树寻根祭祖园景区、临汾市乡宁云丘山景区
4A 级景区	108	1. 太原市（11 家） 山西省太原市晋祠博物馆、山西省蒙山大佛景区、太原动物园、东湖醋园、太原市森林公园、中国煤炭博物馆"煤海探秘游"、太原市汾河景区、宝源老醋坊、紫林醋工业园、太原六味斋云梦坞文化产业园、太原市九龙国际文化生态旅游区 2. 大同市（7 家） 浑源恒山景区、大同市云冈区晋华宫井下探秘游景区、大同城区善化寺、大同华严寺、大同城区大同城墙景区、大同方特欢乐世界景区、大同魏都水世界 3. 朔州市（4 家） 应县木塔景区、右玉生态旅游区、崇福寺、怀仁县金沙滩生态旅游区 4. 忻州市（11 家） 忻州市定襄河边民俗博物馆、忻州市宁武万年冰洞旅游区、忻州市宁武芦芽山生态旅游区、忻州市宁武汾河源头旅游区、忻州市忻府区云中河景区、忻州市忻府区禹王洞景区、忻州市滹源景区、忻州市原平市天涯山、偏关县老牛湾景区、忻府区忻州古城、静乐县天柱山

级别	数目	景区名单
4A 级景区	108	5. 阳泉市（5 家） 阳泉市翠枫山自然风景区、阳泉市藏山旅游风景名胜区、阳泉桃林沟景区、盂县大汖温泉度假区、平定娘子关景区 6. 晋中市（14 家） 灵石王家大院旅游景区、晋中市平遥双林寺彩塑艺术馆、平遥县镇国寺、山西榆次常家庄园、晋中市榆次乌金山景区、晋中市昔阳县大寨景区、晋中市左权县麻田八路军总部纪念馆景区、灵石县石膏山、灵石县红崖峡谷、晋中市介休市张壁古堡景区、晋中市左权县太行龙泉景区、晋中市榆次区榆次老城景区、祁县渠家大院文化旅游区、榆次后沟古村 7. 吕梁市（9 家） 吕梁市汾阳汾酒文化景区、吕梁市交城县卦山景区、吕梁市交城县玄中寺景区、孝义市胜溪湿地公园、孝义市孝河湿地公园、汾阳市贾家庄文化生态旅游区、吕梁市方山县北武当山风景名胜区、吕梁市孝义市金龙山风景区、孝义市三皇庙景区 8. 长治市（12 家） 壶关县太行山大峡谷景区、平顺县太行水乡景区、平顺县天脊山景区、武乡县太行龙洞景区、武乡县八路军太行纪念馆、武乡县八路军文化园景区、黎城县黄崖洞景区、平顺县通天峡景区、襄垣县仙堂山景区、上党区振兴小镇景区、壶关欢乐太行谷、黎城县洗耳河景区 9. 晋城市（10 家） 晋城市陵川王莽岭景区、晋城市蟒河生态景区、晋城市珏山青莲寺景区、晋城市沁水柳氏民居、晋城沁水历山原生态农耕文化旅游区、阳城天官王府景区、沁水湘峪古堡、高平市炎帝陵、阳城县郭峪古城、泽州大阳古镇 10. 临汾市（12 家） 吉县黄河壶口瀑布旅游区、临汾市尧庙 - 华门旅游区、临汾市古县牡丹文化旅游区、临汾市隰县小西天·梨博园景区、蒲县东岳庙景区、侯马彭真纪念馆、临汾汾河公园、临汾人祖山景区、晋国博物馆景区、洪洞县广胜寺景区、曲沃县晋园景区、襄汾县龙澍峪旅游景区 11. 运城市（13 家） 解州关帝庙、运城盐湖（中国死海）、永乐宫、历山、普救寺、李家大院、五老峰、鹳雀楼、神潭大峡谷、圣天湖、大禹渡、舜帝陵、司马温公祠

续表

级别	数目	景区名单
3A 级景区	99	1. 太原市（20家） 白云寺、中华傅山园、蒙牛乳业（太原）有限公司、太原市龙华寺、太原食品街、三晋奇石博物馆、高君宇故居、清泉山庄、红豆山庄、大汇嘉园、采薇庄园、青草坡乡村庄园景区、华辰农耕园、玉泉山城郊森林公园、桃花沟旅游风景区、偏桥沟风情小镇景区、清徐县马峪葡乡文化展示园、清徐县绿源生态农庄、晋韵砖雕艺术博物馆景区、新苗农庄 2. 大同市（1家） 广灵县剪纸博物馆 3. 忻州市（7家） 宋家沟景区、五台县徐向前元帅故居、繁峙县平型关景区、桥儿沟景区、定襄县七岩山景区、忻府市貂蝉故里文化园、繁峙县秘魔岩景区 4. 阳泉市（5家） 阳泉市郊区小河古村评梅景区、阳泉市平定县固关长城、盂县华北奕丰生态园、平定县红岩林景区、盂县藏山翠谷景区 5. 晋中市（22家） 晋中市榆次区明乐庄园旅游景区、晋中市寿阳县祁寯藻故里景区、晋中市祁县红海玻璃艺术园景区、左权县晋冀鲁豫边区临时参议会旧址纪念馆、左权县莲花岩生态庄园、晋中市昔阳县石马寺景区、晋中市左权县日月星休闲度假区、晋中市灵石县王家庄园、晋中市太谷县美宝山庄、寿阳龙栖湖景区、山西小五台旅游景区、官道巷民俗文化小镇、老西醋博园、南庄古村旅游区、松树坪动漫村、黄土农言文化旅游区、太谷阳邑小镇、榆次小西沟乡村文旅康养小镇、和顺天凯庄园、太谷润月山庄、太谷广誉远中医药文化产业园、介休虹霁寺 6. 吕梁市（9家） 文水苍儿会景区、柳林县抖气河、离石区白马仙洞景区、兴县蔡家崖景区、汾阳市上林舍景区、文水县世泰湖景区、临县义居寺景区、交城县如金温泉景区、离石区千年景区 7. 长治市（1家） 屯留区老爷山景区

级别	数目	景区名单
3A 级景区	99	8.晋城市（15家） 阳城孙文龙纪念馆、高平长平古战场大粮山景区、高平羊头山炎帝文化风景名胜区、阳城县海会寺、泽州县山里泉、高平市清云寺、聚寿山、可寒山、小尖山、河阳商道古镇、砥洎城、中庄布政李府、良户古村、司徒小镇、景熙绿谷 9.临汾市（11家） 春秋晋国城景区、吉县克难城旅游景区、曲沃县石桥堡红色文化景区、曲沃县诗经山水景区、曲沃县磨盘岭休闲农业观光园、曲沃县朝阳沟景区、翼城佛爷山景区、翼城古城景区、洪洞红军八路军纪念馆、山西光大工业旅游示范园、安泽县荀子文化园景区 10.运城市（8家） 孤峰山、堆云洞、印象风陵、山西建龙钢铁文化创意园、黄河大梯子崖、黄河龙门风景区、周仓文化园、瑶台山
2A 级景区	19	1.太原市（2家） 太原碑林公园、晋农之窗农业博览园 2.大同市（1家） 大同煤矿"万人坑"遗址纪念馆 3.忻州市（2家） 宁武管涔山情人谷景区、五台县五峰慧果沙棘产业园 4.阳泉市（4家） 阳泉郊区关王庙景区、阳泉矿区银圆山庄、七亘大捷景区、南庄抗战地道景区 5.长治市（1家） 五凤楼景区 6.晋城市（1家） 陵川凤凰欢乐谷 7.临汾市（2家） 洪洞明代监狱、曲沃县荷塘月色景区 8.运城市（6家） 九龙山、龙兴寺、绛守居园池、蒲津渡遗址博物馆、紫云寺、傅作义故居

续表

级别	数目	景区名单
1A 级景区	2	1. 阳泉市（1 家） 平定冠山森林公园 2. 运城市（1 家） 万荣东岳庙景区

附录 2：全国乡村旅游重点村

批次与时间	全国数目	山西数目	全国乡村旅游重点村（山西）
第一批 （2019 年）	320	8	晋中市昔阳县大寨镇大寨村、吕梁市汾阳市贾家庄镇贾家庄村、阳泉市平定县娘子关镇娘子关村、长治市上党区振兴新区振兴村、忻州市岢岚县宋家沟乡宋家沟村、晋城市城区北石店镇司徒村、晋中市平遥县段村镇横坡村、临汾市乡宁县关王庙乡坂尔上村
第二批 （2020 年）	680	18	朔州市怀仁市马辛庄乡鲁沟村、太原市阳曲县黄寨镇上安村、长治市武乡县蟠龙镇砖壁村、长治市壶关县桥上乡大河村、临汾市安泽县府城镇飞岭村、晋城市陵川县附城镇丈河村、忻州市忻府区合索乡北合索村、阳泉市城区义井镇小河村、晋中市介休市龙凤镇南庄村、晋城市城区钟家庄街道洞头村、晋中市榆次区乌金山镇后沟村、阳泉市郊区平坦镇桃林沟村、晋城市泽州县金村镇东六庄村、大同市灵丘县红石塄乡下车河村、运城市永济市开张镇东开张村、临汾市曲沃县里村镇朝阳村、太原市娄烦县天池店乡河北村、晋城市阳城县润城镇中庄村
第三批 （2021 年）	199	7	太原市娄烦县静游镇峰岭底村、忻州市偏关县老牛湾镇老牛湾村、阳泉市盂县孙家庄镇王炭咀村、晋中市寿阳县宗艾镇下洲村、长治市平顺县石城镇岳家寨村、临汾市永和县乾坤湾乡东征村、运城市河津市清涧街道龙门村
第四批 （2022 年）	200	6	阳泉市郊区西南舁乡咀子上村、长治市壶关县石坡乡南平头坞村、晋城市阳城县北留镇皇城村、临汾市曲沃县北董乡南林交村、运城市万荣县高村乡闫景村、忻州市宁武县宁化镇宁化村

附录 3：全国乡村旅游重点镇

批次与时间	全国数目	山西数目	全国乡村旅游重点镇（山西）
第一批（2021 年）	100	3	阳泉市平定县娘子关镇、长治市壶关县大峡谷镇、晋城市阳城县润城镇
第二批（2022 年）	98	3	大同市灵丘县红石塄乡、晋中市榆次区乌金山镇、临汾市永和县乾坤湾乡

附录 4：世界文化遗产名录（山西）

时间	地区	世界文化遗产
1987 年	山西省	长城
1997 年	山西省晋中市平遥县	平遥古城
2001 年	山西省大同市	云冈石窟
2009 年	山西省忻州市	五台山

附录 5：国家全域旅游示范区（山西）

批次与时间	地区	国家全域旅游示范区
第一批（2019 年）	山西省	临汾市洪洞县、晋城市阳城县、晋中市平遥县
第二批（2020 年）	山西省	晋城市泽州县、长治市壶关县、运城市永济市、长治市武乡县

附录 6：国家级文化生态保护（实验）区与国家级文明旅游示范单位（山西）

类别	批次与时间	地区	单位名称
国家级文化生态保护（实验）区	2012 年	山西省	晋中文化生态保护实验区
国家级文明旅游示范单位	第一批（2021 年）	山西省	洪洞大槐树寻根祭祖园景区、运城市解州关帝庙景区
国家全域旅游示范区	第一批（2019 年）	山西省	临汾市洪洞县、晋城市阳城县、晋中市平遥县
	第二批（2020 年）	山西省	晋城市泽州县、长治市壶关县、运城市永济市、长治市武乡县

续表

类别	批次与时间	地区	单位名称
省级文明旅游示范单位	第一批（2022年）	山西省	山西宝华盛世国际旅行社、山西蒙山景区、山西晋祠宾馆、太原并州饭店、神潭大峡谷景区、忻州市云中河景区、忻府区忻州古城、山西平顺通天峡景区、上党区振兴小镇景区、山西颐景国际酒店、晋中市介休市张壁古堡景区、晋国博物馆景区、曲沃县晋园景区、临汾市云丘山景区、山西王莽岭景区

附录7：山西省省级文化产业和旅游产业融合发展示范区建设单位名单

批次与时间	地区	单位名单
第一批（2019年）	山西省	太原市晋源区、晋中市平遥县、吕梁市贾家庄文化生态旅游区、长治市振兴小镇、晋城市皇城相府和大阳古镇旅游景区
第二批（2022年）	山西省	大同市平城区、大同市灵丘县、忻州市忻府区、阳泉市城区、阳泉市平定县、长治市武乡县、长治市壶关县、临汾市曲沃县、晋城市阳城县、晋城市泽州县、晋城市陵川县

附录8：全国特色小镇

批次与时间	全国数目	山西数目	全国特色小镇（山西）
第一批（2016年）	127	3	晋城市阳城县润城镇、晋中市昔阳县大寨镇、吕梁市汾阳市杏花村镇
第二批（2017年）	276	9	运城市稷山县翟店镇、晋中市灵石县静升镇、晋城市高平市神农镇、晋城市泽州县巴公镇、朔州市怀仁县金沙滩镇、朔州市右玉县右卫镇、吕梁市汾阳市贾家庄镇、临汾市曲沃县曲村镇、吕梁市离石区信义镇

附录 9：国家工业遗产名单（山西）

批次与时间	名称	地区	明细
第二批 （2018 年）	太原兵工厂	太原市杏花岭区	厂房建筑共 52 栋、星火俱乐部、机器设备 225 台 / 套、武器装备实物 27 台 / 件
第二批 （2018 年）	阳泉三矿	阳泉市矿区	一号井平硐，二号井斜井，裕公井斜井及附属巷道绞车房，以竖井主、副井等为标志的集中提升区，贾地沟矿井遗址，东丈八井（阳泉三矿二坑）遗址，以一号井 +780、裕公井 +660、竖井 +606、竖井扩区 +550 共 4 万余米的四个水平巷道及其附属设施为标志的物料运输区，与石太铁路联通的选煤专用铁路为标志的煤炭外运区，以洗煤厂及附属设施为标志的洗选加工区，以大垴沟瓦斯抽放泵站为标志的瓦斯集采区，以阳泉三矿中学、职工学校为标志的文化教育区，以蒙村降压站为标志的电力供应区，以退坡窑洞为标志的职工集体宿舍区，以马家坡主扇机房为标志的矿井通风区，保晋公司档案，三矿井下巷道图纸
第三批 （2019 年）	"刘伯承工厂"旧址	长治市潞州区	厂部，火工库工房，机工部工房，窑洞（双孔），总装部工房，完成库残墙，水塔，烟囱；朱德总司令任命书、生产计划等历史档案
第三批 （2019 年）	石圪节煤矿	长治市潞州区	南副立井、北副立井、主斜井，"三天轮"提升装置，洗煤厂及附属设施，更新厂 2 栋职工集体宿舍 3 栋，苏式矿工俱乐部，1978 年建成的矿工俱乐部，裕丰煤矿工人抗日救国会旧址与康克清到石圪节煤矿传播革命火种旧址；清末生产的道轨，朝鲜机床；部分媒体报道、老照片、全国科学大会奖状等历史档案
第三批 （2019 年）	高平丝织印染厂	晋城市高平市	锯齿型联排厂房；卷纬机 3 台，浆丝机 1 台，定型机、拉幅机各 1 台，染丝机 2 台，绳状染色体 10 台，浆丝机 1 台；潞绸织造技艺
第四批 （2020 年）	杏花村汾酒老作坊及传统酿造区	吕梁市汾阳市	清代老作坊（含古房屋建筑 20 间、古井 2 眼、发酵地缸 150 口），酿酒车间 3 座，成装车间，酒库 2 座，酿酒一厂办公楼，档案馆 2 座，醉月楼，醉仙居，汾酒厂俱乐部，"酒如泉"门；20 世纪 20 年代到 50 年代生产设备；档案资料

附录 10：国家文化产业示范基地

批次	时间	全国数目	山西数目	国家文化产业示范基地（山西）
第一批	2004 年	42	1	山西灵石县王家大院民居艺术馆
第二批	2006 年	33	1	山西宇达集团公司
第三批	2008 年	59	1	大同市广灵剪纸文化产业园区
第四批	2010 年	70	2	山西晋阳嫦娥文化艺术有限公司、阳城县皇城相府（集团）实业有限公司
第五批	2012 年	69	2	太原高新区火炬创意产业联盟管理有限公司、平定古窑陶艺有限公司
第六批	2014 年	71	2	山西本命年文化创意有限公司、平遥县唐都推光漆器有限公司

附录 11：山西红色旅游经典景区

地区	山西红色旅游经典景区
长治市	长治市红色旅游系列景区
晋中市	晋中市左权县麻田八路军前方总部旧址景区、左权将军殉难处
	晋中市昔阳县大寨展览馆及长治市平顺西沟展览馆
大同市	大同市红色旅游系列景区
忻州市	忻州市红色旅游系列景区
吕梁市	吕梁市红色旅游系列景区
	吕梁市石楼县红军东征纪念馆
太原市	太原市红色旅游系列景区
阳泉市	阳泉市狮脑山百团大战遗址

附录 12：山西休闲街区

批次	单位名称
第一批	忻州市忻府区古城文旅休闲生活街区
第二批	太原市迎泽区钟楼步行街、运城市盐湖区岚山根·运城印象步行街

附录 13：2006（第一批）国家级非物质文化遗产代表性项目名录（山西）

序号	项目序号	编号	名称	类别	类型	申报地区或单位	保护单位
1	9	I-9	董永传说	民间文学	新增项目	万荣县	万荣县文化馆
2	32	II-1	左权开花调	传统音乐	新增项目	左权县	左权县民歌研究中心
3	33	II-2	河曲民歌	传统音乐	新增项目	河曲县	河曲县二人台艺术研究中心
4	87	II-56	晋南威风锣鼓	传统音乐	新增项目	临汾市	临汾市群众艺术馆
5	88	II-57	绛州鼓乐	传统音乐	新增项目	新绛县	山西绛州鼓乐艺术团
6	89	II-58	上党八音会	传统音乐	新增项目	晋城市	晋城市群众艺术馆
7	95	II-64	文水鈲子	传统音乐	新增项目	文水县	文水鈲子艺术研究协会
8	97	II-66	五台山佛乐	传统音乐	新增项目	五台县	五台县人民文化馆
9	108	III-5	狮舞（天塔狮舞）	传统舞蹈	新增项目	襄汾县	襄汾县人民文化馆
10	112	III-9	高跷（高跷走兽）	传统舞蹈	新增项目	稷山县	山西省稷山县人民文化馆
11	114	III-11	翼城花鼓	传统舞蹈	新增项目	翼城县	翼城县人民文化馆
12	162	IV-18	晋剧	传统戏剧	新增项目	山西省	山西省晋剧院
13	163	IV-19	蒲州梆子	传统戏剧	新增项目	临汾市	临汾蒲剧院
14	163	IV-19	蒲州梆子	传统戏剧	新增项目	运城市	山西省运城市蒲剧团

序号	项目序号	编号	名称	类别	类型	申报地区或单位	保护单位
15	164	IV-20	北路梆子	传统戏剧	新增项目	忻州市	忻州市北路梆子戏剧研究院
16	165	IV-21	上党梆子	传统戏剧	新增项目	晋城市	晋城市上党戏剧研究院
17	185	IV-41	雁北耍孩儿	传统戏剧	新增项目	大同市	大同市耍孩剧种传习中心
18	186	IV-42	灵丘罗罗腔	传统戏剧	新增项目	灵丘县	灵丘县罗罗腔剧种传习中心
19	193	IV-49	碗碗腔（孝义碗碗腔）	传统戏剧	新增项目	孝义市	孝义市碗碗腔剧团演出有限公司
20	214	IV-70	秧歌戏（朔州秧歌戏）	传统戏剧	新增项目	朔州市	朔州市朔城区大秧歌传承研究中心（朔州市朔城区大秧歌剧团）
21	214	IV-70	秧歌戏（繁峙秧歌戏）	传统戏剧	新增项目	繁峙县	繁峙县文化馆
22	215	IV-71	道情戏（晋北道情戏）	传统戏剧	新增项目	右玉县	右玉县晋北道情传习所
23	215	IV-71	道情戏（临县道情戏）	传统戏剧	新增项目	临县	临县道情研究中心（吕梁市民间艺术团）
24	217	IV-73	二人台	传统戏剧	新增项目	河曲县	河曲县二人台艺术研究中心
25	232	IV-88	锣鼓杂戏	传统戏剧	新增项目	临猗县	临猗县文化馆
26	235	IV-91	皮影戏（孝义皮影戏）	传统戏剧	新增项目	孝义市	孝义市文化馆

续表

序号	项目序号	编号	名称	类别	类型	申报地区或单位	保护单位
27	245	V-9	潞安大鼓	曲艺	新增项目	长治市	长治县文化服务中心
28	315	Ⅶ-16	剪纸（中阳剪纸）	传统美术	新增项目	中阳县	中阳县文化馆
29	385	Ⅷ-35	阳城生铁冶铸技艺	传统技艺	新增项目	阳城县	阳城县文化馆
30	401	Ⅷ-51	平遥推光漆器髹饰技艺	传统技艺	新增项目	平遥县	平遥县非物质文化遗产保护中心
31	409	Ⅷ-59	杏花村汾酒酿制技艺	传统技艺	新增项目	汾阳市	山西杏花村汾酒集团有限责任公司
32	411	Ⅷ-61	清徐老陈醋酿制技艺	传统技艺	新增项目	清徐县	山西水塔醋业股份有限公司
33	502	X-54	民间社火	民俗	新增项目	潞城县	长治市潞城区民间赛社文化研究会

附录 14：2008（第二批）国家级非物质文化遗产代表性项目名录（山西）

序号	项目序号	编号	名称	类别	类型	申报地区或单位	保护单位
1	521	I-34	杨家将传说（杨家将说唱）	民间文学	新增项目	山西省	山西大学非物质文化遗产研究中心
2	522	I-35	尧的传说	民间文学	新增项目	绛县	绛县文化馆
3	523	I-36	牛郎织女传说	民间文学	新增项目	和顺县	和顺县文化馆
4	571	I-84	笑话（万荣笑话）	民间文学	新增项目	万荣县	万荣县笑话研究会

序号	项目序号	编号	名称	类别	类型	申报地区或单位	保护单位
5	68	II-37	唢呐艺术（晋北鼓吹）	传统音乐	扩展项目	阳高县	阳高县文化馆
6	68	II-37	唢呐艺术（上党八音会）	传统音乐	扩展项目	长子县	长子县文化馆
7	68	II-37	唢呐艺术（上党乐户班社）	传统音乐	扩展项目	壶关县	壶关县牛府鼓乐班社
8	68	II-37	唢呐艺术（晋北鼓吹）	传统音乐	扩展项目	忻州市	忻州市忻府区文化馆
9	622	II-123	锣鼓艺术（太原锣鼓）	传统音乐	新增项目	太原市	太原市群众艺术馆
10	638	II-139	道教音乐（恒山道乐）	传统音乐	新增项目	阳高县	阳高县文化馆
11	105	III-2	秧歌（临县伞头秧歌）	传统舞蹈	扩展项目	临县	临县伞头秧歌艺术协会
12	105	III-2	秧歌（原平凤秧歌）	传统舞蹈	扩展项目	原平市	原平市文化馆
13	105	III-2	秧歌（汾阳地秧歌）	传统舞蹈	扩展项目	汾阳市	汾阳市人民文化馆
14	110	III-7	傩舞（寿阳爱社）	传统舞蹈	扩展项目	寿阳县	寿阳县人民文化馆
15	639	III-42	鼓舞（平定武迓鼓）	传统舞蹈	新增项目	平定县	平定县文化馆
16	162	IV-18	晋剧	传统戏剧	扩展项目	太原市	太原市晋剧艺术研究院
17	165	IV-21	上党梆子	传统戏剧	扩展项目	长治市	长治市上党梆子剧团
18	214	IV-70	秧歌戏（祁太秧歌）	传统戏剧	扩展项目	祁县	祁县文化馆
19	214	IV-70	秧歌戏（祁太秧歌）	传统戏剧	扩展项目	太谷县	太谷县文化馆

续表

序号	项目序号	编号	名称	类别	类型	申报地区或单位	保护单位
20	214	IV-70	秧歌戏（襄武秧歌）	传统戏剧	扩展项目	襄垣县	襄垣县非物质文化遗产保护协会
21	214	IV-70	秧歌戏（襄武秧歌）	传统戏剧	扩展项目	武乡县	武乡县人民文化馆
22	214	IV-70	秧歌戏（壶关秧歌）	传统戏剧	扩展项目	壶关县	壶关县人民艺术剧团
23	215	IV-71	道情戏（洪洞道情）	传统戏剧	扩展项目	洪洞县	洪洞县文化馆
24	236	IV-92	木偶戏（孝义木偶戏）	传统戏剧	扩展项目	孝义市	孝义市皮影木偶剧团演出有限公司
25	696	IV-95	赛戏	传统戏剧	新增项目	朔州市	朔州市朔城区民间文化艺术团
26	699	IV-98	上党落子	传统戏剧	新增项目	黎城县	黎城县人民文化馆
27	699	IV-98	上党落子	传统戏剧	新增项目	潞城市	潞城市红旗落子剧团
28	700	IV-99	眉户（运城眉户）	传统戏剧	新增项目	运城市	临猗县眉户剧团
29	755	V-62	襄垣鼓书	曲艺	新增项目	襄垣县	襄垣县非物质文化遗产保护协会
30	757	V-64	三弦书（沁州三弦书）	曲艺	新增项目	沁县	沁县文化馆
31	801	VI-29	心意拳	传统体育、游艺与杂技	新增项目	晋中市	晋中市心意（形意）拳协会

序号	项目序号	编号	名称	类别	类型	申报地区或单位	保护单位
32	813	VI-41	挠羊赛	传统体育、游艺与杂技	新增项目	忻州市	忻州市摔跤俱乐部
33	824	VI-52	风火流星	传统体育、游艺与杂技	新增项目	太原市	太原市晋源区风火流星艺术研究会
34	315	VII-16	剪纸（广灵染色剪纸）	传统美术	扩展项目	广灵县	广灵县文化馆
35	337	VII-38	砖雕（山西民居砖雕）	传统美术	扩展项目	清徐县	清徐县窑王堡窑砖雕工艺美术厂
36	829	VII-53	面花（阳城焙面面塑）	传统美术	新增项目	阳城县	阳城县文化馆
37	829	VII-53	面花（闻喜花馍）	传统美术	新增项目	闻喜县	闻喜县人民文化馆
38	829	VII-53	面花（定襄面塑）	传统美术	新增项目	定襄县	定襄县文化中心
39	829	VII-53	面花（新绛面塑）	传统美术	新增项目	新绛县	新绛县文化馆
40	841	VII-65	木版年画（平阳木版年画）	传统美术	新增项目	临汾市	临汾市平阳木版年画博物馆
41	847	VII-71	堆锦（上党堆锦）	传统美术	新增项目	长治市堆锦研究所	山西省长治堆锦研究所
42	847	VII-71	堆锦（上党堆锦）	传统美术	新增项目	长治市群众艺术馆	长治市黄河工艺美术学校
43	853	VII-77	民间绣活（高平绣活）	传统美术	新增项目	高平市	高平市文化馆
44	871	VII-95	布老虎（黎侯虎）	传统美术	新增项目	黎城县	黎城县人民文化馆

序号	项目序号	编号	名称	类别	类型	申报地区或单位	保护单位
45	872	VII-96	建筑彩绘（炕围画）	传统美术	新增项目	襄垣县	襄垣县非物质文化遗产保护协会
46	411	VIII-61	老陈醋酿制技艺（美和居老陈醋酿制技艺）	传统技艺	扩展项目	太原市	山西老陈醋集团有限公司
47	873	VIII-90	琉璃烧制技艺	传统技艺	新增项目	山西省	山西省非物质文化遗产保护中心
48	894	VIII-111	滩羊皮鞣制工艺	传统技艺	新增项目	交城县	交城县义泉泰皮业有限公司
49	907	VIII-124	民族乐器制作技艺（长子响铜乐器制作技艺）	传统技艺	新增项目	长子县	长子县西南呈玖兴炉响铜乐器厂
50	916	VIII-133	砚台制作技艺（澄泥砚制作技艺）	传统技艺	新增项目	新绛县	新绛县绛州澄泥砚研究中心
51	927	VIII-144	蒸馏酒传统酿造技艺（梨花春白酒传统酿造技艺）	传统技艺	新增项目	朔州市	山西梨花春酿酒集团有限公司
52	943	VIII-160	传统面食制作技艺（龙须拉面和刀削面制作技艺）	传统技艺	新增项目	全晋会馆	山西全晋饮食文化有限公司
53	943	VIII-160	传统面食制作技艺（抿尖面和猫耳朵制作技艺）	传统技艺	新增项目	晋韵楼	太原清徐人家晋韵楼餐饮文化发展有限公司

续表

序号	项目序号	编号	名称	类别	类型	申报地区或单位	保护单位
54	946	VIII-163	月饼传统制作技艺（郭杜林晋式月饼制作技艺）	传统技艺	新增项目	太原市	太原双合成食品有限公司
55	951	VIII-168	牛羊肉烹制技艺（冠云平遥牛肉传统加工技艺）	传统技艺	新增项目	冠云平遥牛肉集团有限公司	山西省平遥牛肉集团有限公司
56	953	VIII-170	六味斋酱肉传统制作技艺	传统技艺	新增项目	太原六味斋实业有限公司	太原六味斋实业有限公司
57	963	VIII-180	窑洞营造技艺	传统技艺	新增项目	平陆县	平陆县文化馆
58	443	IX-4	中医传统制剂方法（龟龄集传统制作技艺）	传统医药	扩展项目	太谷县	山西广誉远国药有限公司
59	970	IX-10	中医养生（药膳八珍汤）	传统医药	新增项目	太原市	太原傅山文化产业开发苑
60	978	X-71	元宵节（柳林盘子会）	民俗	新增项目	柳林县	柳林县文化馆
61	988	X-81	灯会（河曲河灯会）	民俗	新增项目	河曲县	河曲县二人台艺术研究中心
62	991	X-84	庙会（晋祠庙会）	民俗	新增项目	太原市晋源区	太原市晋源区晋祠镇晋祠一社区股份经济合作社
63	992	X-85	民间信俗（关公信俗）	民俗	新增项目	运城市	山西解州关帝庙文物保管所
64	994	X-87	抬阁（芯子、铁枝、飘色）（清徐徐沟背铁棍）	民俗	新增项目	清徐县	清徐县文化馆

序号	项目序号	编号	名称	类别	类型	申报地区或单位	保护单位
65	994	X-87	抬阁（芯子、铁枝、飘色）（万荣抬阁）	民俗	新增项目	万荣县	万荣县文化馆
66	994	X-87	抬阁（芯子、铁枝、飘色）（峨口挠阁）	民俗	新增项目	代县	代县文化艺术馆
67	997	X-90	祭祖习俗（大槐树祭祖习俗）	民俗	新增项目	洪洞县	洪洞县大槐树迁民遗址文物管理所
68	1003	X-96	洪洞走亲习俗	民俗	新增项目	洪洞县	洪洞县文化馆
69	1005	X-98	汉族传统婚俗（孝义贾家庄婚俗）	民俗	新增项目	孝义市	孝义市新义街道贾家庄村民委员会

附录15：2011（第三批）国家级非物质文化遗产代表性项目名录（山西）

序号	项目序号	编号	名称	类别	类型	申报地区或单位	保护单位
1	1032	Ⅰ-88	赵氏孤儿传说	民间文学	新增项目	盂县	盂县人民文化馆
2	1033	Ⅰ-89	白马拖缰传说	民间文学	新增项目	晋城市城区	晋城市城区文化馆
3	1034	Ⅰ-90	舜的传说	民间文学	新增项目	沁水县	沁水县人民文化馆
4	1050	Ⅰ-106	烂柯山的传说	民间文学	新增项目	陵川县	陵川县人民文化馆
5	622	Ⅱ-123	锣鼓艺术（云胜锣鼓）	传统音乐	扩展项目	原平市	原平云胜锣鼓艺术社
6	637	Ⅱ-138	佛教音乐（楞严寺寺庙音乐）	传统音乐	扩展项目	左云县	左云县传统音乐保护协会

续表

序号	项目序号	编号	名称	类别	类型	申报地区或单位	保护单位
7	639	Ⅲ-42	鼓舞（万荣花鼓）	传统舞蹈	扩展项目	万荣县	万荣县文化馆
8	639	Ⅲ-42	鼓舞（土沃老花鼓）	传统舞蹈	扩展项目	沁水县	沁水县人民文化馆
9	639	Ⅲ-42	鼓舞（稷山高台花鼓）	传统舞蹈	扩展项目	稷山县	稷山县安福高台花鼓演艺中心
10	640	Ⅲ-43	麒麟舞（麒麟采八宝）	传统舞蹈	扩展项目	侯马市	侯马市群众艺术馆
11	164	Ⅳ-20	北路梆子	传统戏剧	扩展项目	大同市	大同市北路梆子剧种传习中心
12	193	Ⅳ-49	碗碗腔（曲沃碗碗腔）	传统戏剧	扩展项目	曲沃县	曲沃县晋韵碗碗腔演艺有限责任公司
13	214	Ⅳ-70	秧歌戏（泽州秧歌）	传统戏剧	扩展项目	泽州县	泽州县文化馆
14	215	Ⅳ-71	道情戏（神池道情戏）	传统戏剧	扩展项目	神池县	神池县道情艺术研究所
15	233	Ⅳ-89	傩戏（任庄扇鼓傩戏）	传统戏剧	扩展项目	曲沃县	曲沃县人民文化馆
16	700	Ⅳ-99	眉户（晋南眉户）	传统戏剧	扩展项目	临汾市	临汾市眉户剧艺术研究中心
17	1101	Ⅳ-139	上党二黄	传统戏剧	新增项目	晋城市城区	晋城市鸣凤剧团有限公司
18	1121	Ⅴ-97	莲花落	曲艺	新增项目	太原市	太原市歌舞杂技团
19	1122	Ⅴ-98	长子鼓书	曲艺	新增项目	长子县	长子县文化馆
20	1123	Ⅴ-99	翼城琴书	曲艺	新增项目	翼城县	翼城县人民文化馆
21	1124	Ⅴ-100	曲沃琴书	曲艺	新增项目	曲沃县	曲沃县人民文化馆

续表

序号	项目序号	编号	名称	类别	类型	申报地区或单位	保护单位
22	1125	V-101	泽州四弦书	曲艺	新增项目	泽州县	泽州县文化馆
23	798	VI-26	形意拳	传统体育、游艺与杂技	扩展项目	太谷县	晋中市太谷形意拳协会
24	801	VI-29	心意拳	传统体育、游艺与杂技	扩展项目	祁县	祁县戴氏心意拳协会
25	1140	VI-57	通背缠拳	传统体育、游艺与杂技	新增项目	洪洞县	洪洞县通背缠拳协会
26	1158	VII-101	平遥纱阁戏人	传统美术	新增项目	平遥县	平遥县非物质文化遗产保护中心
27	1159	VII-102	清徐彩门楼	传统美术	新增项目	清徐县	清徐县文化馆
28	395	VIII-45	家具制作技艺（晋作家具制作技艺）	传统技艺	扩展项目	临汾市	山西唐人居古典家居文化有限公司
29	910	VIII-127	漆器髹饰技艺（绛州剔犀技艺）	传统技艺	扩展项目	新绛县	新绛县绛州漆器研究所
30	943	VIII-160	传统面食制作技艺（稷山传统面点制作技艺）	传统技艺	扩展项目	稷山县	稷山赵氏四味坊传统面点传习中心

续表

序号	项目序号	编号	名称	类别	类型	申报地区或单位	保护单位
31	1189	Ⅷ-209	雁门民居营造技艺	传统技艺	新增项目	忻州市	山西杨氏古建筑工程有限公司
32	441	Ⅸ-2	中医诊法（道虎壁王氏中医妇科）	传统医药	扩展项目	平遥县	平遥县道虎壁王氏妇科保护协会
33	443	Ⅸ-4	中医传统制剂方法（定坤丹制作技艺）	传统医药	扩展项目	太谷县	山西广誉远国药有限公司
34	445	Ⅸ-6	中医正骨疗法（武氏正骨疗法）	传统医药	扩展项目	高平市	高平市武承谋骨伤专科医院
35	449	Ⅹ-1	春节（怀仁旺火习俗）	民俗	扩展项目	怀仁县	怀仁市文化馆
36	450	Ⅹ-2	清明节（介休寒食清明习俗）	民俗	扩展项目	介休市	介休市文化馆
37	453	Ⅹ-5	中秋节（泽州中秋习俗）	民俗	扩展项目	泽州县	泽州县民间习俗研究会
38	454	Ⅹ-6	重阳节（皇城村重阳习俗）	民俗	扩展项目	阳城县	阳城县皇城民俗文化研究中心
39	997	Ⅹ-90	祭祖习俗（沁水柳氏清明祭祖）	民俗	扩展项目	沁水县	沁水县人民文化馆
40	1198	Ⅹ-123	中和节（永济背冰）	民俗	新增项目	永济市	永济市文化馆
41	1198	Ⅹ-123	中和节（云丘山中和节）	民俗	新增项目	乡宁县	乡宁县中和文化研究会
42	1210	Ⅹ-135	尉村跑鼓车	民俗	新增项目	襄汾县	襄汾县汾城镇尉村村民委员会
43	1211	Ⅹ-136	独辕四景车赛会	民俗	新增项目	平顺县	平顺县人民文化馆

附录16：2014（第四批）国家级非物质文化遗产代表性项目名录（山西）

序号	项目序号	编号	名称	类别	类型	申报地区或单位	保护单位
1	1239	I-145	广禅侯故事	民间文学	新增项目	阳城县	阳城县文化馆
2	68	II-37	唢呐艺术（临县大唢呐）	传统音乐	扩展项目	临县	临县大唢呐培训活动中心
3	622	II-123	锣鼓艺术（软槌锣鼓）	传统音乐	扩展项目	万荣县	万荣县软槌锣鼓研究会
4	1266	III-113	左权小花戏	传统舞蹈	新增项目	左权县	左权县民歌研究中心
5	162	IV-18	晋剧	传统戏剧	扩展项目	晋中市	晋中市晋剧和民间艺术研究院
6	1285	IV-159	线腔	传统戏剧	新增项目	芮城县	芮城县蒲剧线腔艺术研究所
7	1291	V-117	弹唱	曲艺	新增项目	吕梁市离石区	吕梁市离石区弹唱保护协会
8	315	VII-16	剪纸（静乐剪纸）	传统美术	扩展项目	静乐县	静乐县文化活动中心
9	829	VII-53	面花（岚县面塑）	传统美术	扩展项目	岚县	岚县文化馆
10	834	VII-58	木雕（永乐桃木雕刻）	传统美术	扩展项目	芮城县	芮城县理天木雕文化研究所
11	411	VIII-61	酿醋技艺（小米醋酿造技艺）	传统技艺	扩展项目	襄汾县	山西三盛合酿造有限公司
12	417	VIII-67	皮纸制作技艺（平阳麻笺制作技艺）	传统技艺	扩展项目	襄汾县	襄汾县邓庄丁陶麻笺社
13	881	VIII-98	陶器烧制技艺（平定砂器制作技艺）	传统技艺	扩展项目	平定县	平定县冠窑砂器陶艺有限公司

序号	项目序号	编号	名称	类别	类型	申报地区或单位	保护单位
14	881	Ⅷ-98	陶器烧制技艺（平定黑釉刻花陶瓷制作技艺）	传统技艺	扩展项目	平定县	山西晟陶瓷业有限公司
15	882	Ⅷ-99	蚕丝织造技艺（潞绸织造技艺）	传统技艺	扩展项目	高平市	山西吉利尔潞绸集团织造股份有限公司
16	900	Ⅷ-117	金银细工制作技艺	传统技艺	扩展项目	稷山县	稷山县杰忠金银铜器传统制作研究中心
17	910	Ⅷ-127	漆器髹饰技艺（稷山螺钿漆器髹饰技艺）	传统技艺	扩展项目	稷山县	稷山螺钿漆器研究中心
18	1336	Ⅷ-222	铜器制作技艺（大同铜器制作技艺）	传统技艺	新增项目	大同市城区	大同市天艺昌工艺品有限责任公司
19	1351	Ⅷ-237	古建筑模型制作技艺	传统技艺	新增项目	太原市	山西古典艺术研究院（有限公司）
20	443	Ⅸ-4	中医传统制剂方法（安宫牛黄丸制作技艺）	传统医药	扩展项目	太谷县	山西广誉远国药有限公司
21	443	Ⅸ-4	中医传统制剂方法（点舌丸制作技艺）	传统医药	扩展项目	新绛县	朗致集团双人药业有限公司
22	502	Ⅹ-54	民间社火（南庄无根架火）	民俗	扩展项目	晋中市榆次区	榆次南庄宏义架火美术工艺厂
23	991	Ⅹ-84	庙会（蒲县朝山会）	民俗	扩展项目	蒲县	蒲县人民文化馆

附录17：2021（第五批）国家级非物质文化遗产代表性项目名录（山西）

序号	项目序号	编号	名称	类别	类型	申报地区或单位	保护单位
1	68	II-37	唢呐艺术（五台八大套）	传统音乐	扩展项目	忻州市五台县	五台《山西八大套》研究会
2	1405	III-133	翼城浑身板	传统舞蹈	新增项目	临汾市翼城县	翼城县人民文化馆
3	214	IV-70	秧歌戏（沁源秧歌）	传统戏剧	扩展项目	长治市沁源县	沁源县人民文化馆
4	1427	V-129	屯留道情	曲艺	新增项目	长治市屯留区	长治市屯留区文化馆
5	1428	V-130	陵川钢板书	曲艺	新增项目	晋城市陵川县	陵川县盲人曲艺宣传队
6	315	VII-16	剪纸（太原剪纸）	传统美术	扩展项目	太原市	山西上林苑传统剪纸艺术研究所
7	883	VIII-100	传统棉纺织技艺（惠畅土布制作技艺）	传统技艺	扩展项目	运城市永济市	永济市惠畅文化创意有限公司
8	936	VIII-153	晒盐技艺（运城河东制盐技艺）	传统技艺	扩展项目	运城市	山西焦煤运城盐化集团有限责任公司
9	943	VIII-160	传统面食制作技艺（太谷饼制作技艺）	传统技艺	扩展项目	晋中市太谷区	山西鑫炳记食业股份有限公司
10	1176	VIII-196	银铜器制作及鎏金技艺（朔州传统鎏金技艺）	传统技艺	扩展项目	朔州市朔城区	—
11	1488	VIII-242	八义窑红绿彩瓷烧制技艺	传统技艺	新增项目	长治市上党区	山西长治八义窑红绿彩陶瓷文化有限公司
12	1511	VIII-265	葫芦制作技艺（文水葫芦制作技艺）	传统技艺	新增项目	吕梁市文水县	文水县石安葫芦种植加工协会
13	441	IX-2	中医诊疗法（摸骨正脊术）	传统医药	扩展项目	晋中市灵石县	山西郭华整脊有限公司
14	449	X-1	春节（娘子关跑马排春节习俗）	民俗	扩展项目	阳泉市平定县	平定县娘子关镇下董寨村村民委员会

后　记

　　本书是在山西省艺术科学基金项目"基于消费满意视角下的山西文旅深度融合发展研究"（项目编号：2018A10）的支持下完成的。

　　写作本书的过程是一次艰苦而愉快的学习之旅。在此过程中，我得到许多人的帮助和支持，在此表示衷心感谢。首先要感谢山西传媒学院给予的肯定和支持；其次要感谢梁建忠等老师对资料收集、整理的贡献；再次要感谢参与并帮助完成调查问卷实施的同学；最后要感谢中国国际广播出版社对本书的出版给予的指导和帮助。

　　由于时间紧迫，能力有限，本书难免存在不足之处，如研究视角、方法、数据等方面还有待进一步丰富和优化。因此，期待读者能够给予我们更多的批评指正和宝贵意见。